U0565561

监狱的"替代方案"

[法] 米歇尔·福柯——著　柏颖婷　吴樾——译

上海三联书店

目 录

前言

　　米歇尔·福柯曾多次来到蒙特利尔。他在那里有熟人朋友。1976年，在"囚犯主题周"的框架下，他应被拘押者人权办公室主席让-克洛德·伯恩海姆的邀请，发表了关于监禁的替代方案的演讲。这次活动是与由安德烈·诺曼多领导的蒙特利尔大学犯罪学学院合作举办的。

　　米歇尔·福柯在蒙特利尔的演讲首次在 *Actes* 上于1990年发表，标题为：《米歇尔·福柯1976年3月15日在蒙特利尔大学关于"监禁替代方案"的报告》。《司法行为手册》(第73期)发表了一份关于替代性刑罚的特别报告，指出自第二次世界大战以来，法国受司法控制的人数和被拘押者人数都在增加。这一档案的撰稿人讨论了替代监禁的刑罚的进步，但也讨论了其可能的失败。*Actes* 出版的米歇尔·福柯在蒙特利尔的会议版本应该是题为《福柯的报告，蒙特利尔，1976 年 3 月 15 日》的会议记录抄本，可以在卡昂的当代出版档案研究所（档案号 D215）中找到。

1993 年，蒙特利尔大学犯罪学学院教授让-保罗·布罗德发现了一盘福柯在国际比较犯罪学中心的演讲录音。它被抄录下来，并以《监狱的"替代方案"，社会控制的扩散或减少：与米歇尔·福柯的会面》为题，在《犯罪学》（第 26 卷第 1 期）上出版，他试图定位福柯关于犯罪学和后现代性的思想——这在当时的蒙特利尔是非常流行的一个主题，米歇尔·弗赖塔格和让-弗朗索瓦·利奥塔的著作在那里很受欢迎。在这一期期刊上，达尼·拉孔布重申了福柯对刑罚领域人道化的怀疑态度，他提到福柯在犯罪学中发展了"大量的文献资料，以一种精巧而玩世不恭的方式证明，任何改进制度——尤其是刑罚制度的尝试，都只能扩散和扩大对社会身体的控制"。[1] 本书转载的正是福柯蒙特利尔演讲的这个版本。

2009 年，《理论、文化与社会》（第 26 卷第 6 期）在国际比较犯罪学中心的成员的帮助下，将让-保罗·布罗德的版本译成英文出版。这篇文章的标题为：《监狱的替代方案：社会控制的散布还是衰落？》。还有许多作者为这本书贡献了内容，这些人包括保罗·拉比诺、朱迪思·雷维尔、毛里奇奥·拉扎拉托和布赖恩·马苏米，他们反思了"福柯之后的思考"的方式。特别是，马苏米在其中捍卫了这样一个观点：我们这一时代充斥着一种以自生系统为特征的预防性统治术[2]，这与《安全、领土与人口》中提出的观点相呼应。

尽管已经有了以上三次出版情况，但福柯的报告仍然鲜为人知，无疑是因为在《言与文》几卷本和介绍性文集中没有这次报告的身影。除了这些事实信息之外，重要的是要强调，蒙特利尔研讨会是福柯的公共介入活动之一，在这次会议上，福柯并没有把目光投向很远的过去，去寻找吸引人的谱系学元素，而是通过援引他同一时代的例子来质疑新兴的控制形式。然而，对《监狱的"替代方案"》的回顾，远没有穷尽我们对犯罪学和刑罚的现实的质疑，反而对警察社会的扩张提出了许多疑问。事实上，在这篇演讲中，福柯质疑了施加非监禁惩罚就意味着与监禁决裂的观点，而认为缓刑措施和警察监控将随着时间的推移而加强。从这一点出发，我认为我们应该提出这样的问题：我们如何描绘当代刑法在缓刑措施方面的逻辑？又要怎样解释对非法主义行为的区别对待呢?

为了回答这些问题,我邀请了法国司法部电子监控专家、法国司法部社会再融入与缓刑监狱辅导员托尼·费里,就佩戴电子脚铐的后果以及司法条件的强制背后的逻辑进行了探讨。我还邀请了经济犯法管理专家安东尼·阿密塞尔,通过对可疑金融交易的控制机制的探讨,来描绘我们的惩罚现状。

进行这些访谈的目的是对我们刑罚领域进行反思,该领域似乎既显示出某种刑罚进步主义,面临着不断增加的限制性外部条件的强加,又带有监控技术发展的色彩。

我要感谢本书的撰稿人,他们愿意回应我的问题。我还要感谢《犯罪学》杂志的玛丽-尚塔尔·普朗泰和蒙特利尔大学的亚历山大·沙博允许我发表让-保罗·布罗德的记录。

西尔万·拉弗勒

蒙特利尔,2020 年 9 月

(柏颖婷　译)

监狱的"替代方案"：社会控制的扩散或减少

——与让-保罗·布罗德的会面 [3]

米歇尔·福柯

不用提我来到这里有多么高兴；但同时也更不用说，我有多么尴尬——当有人告诉我必须谈论监狱的替代方案，以及我需要在这一主题周的框架下谈论监狱的失败的时候，我感到了尴尬。

我尴尬是因为这两个原因：首先是因为替代方案的问题，其次是因为失败的问题。

监狱的替代方案，当有人和我谈论起这个的时候，我立刻产生了一种孩童式的反应。我想象有一个七岁的孩子，有人对他说："听着，因为无论如何你都要被惩罚，你更想要哪一种，被打还是不能吃甜点？"

我觉得监狱的替代方案问题就是典型的这类提问。这是错误的问题，或者至少是不完整的问题，总之它就是在对人们说："听着：在接受现行的刑罚制度，接受你们会以这样或那样的方式被惩罚的情况下，你们怎么看待这一刑罚系统的实施？以监狱的形式实施更好，还是以另一种惩罚的方式？"

　　因此我认为，对于监狱的替代方案这一问题，首先我们的回答必须是迟疑的，怀疑的或是发出笑声，正如你们想做的那样。假如我们不想以这样的方式，或是那样的理由被惩罚，假如我们根本不想被惩罚呢？或者，说到底，假如我们并不能理解惩罚到底意味着什么呢？

　　惩罚这个东西，几百年来，可能几千年来，对西方文明来说，几乎是不证自明的，现在在你们看来，是否惩罚这个概念还是那样不证自明？受到惩罚意味着什么？真的有必要受到惩罚吗？

　　这也是我被告知要谈监狱的替代方案时，感到一丝尴尬的第一个原因。然后，我另一个尴尬的原因，是我不得不在监狱的失败主题周的框架下谈论这一点，这可能看起来有点悖论，因为我其实不觉得监狱已经失败了。我觉得它非常成功。

　　所以，首先我想谈一下这个问题——监狱的替代方案。首先，我想举一个或一系列例子作为参考，这些例子可以暂时作为寻找监狱的替代方案的尝试。

首先我想举一个瑞典的例子：在 1965 年，瑞典通过了一个新的刑事立法，这一立法产生的第一个结果，就是建立或者至少是规划了要建立七座大型的、高度先进的监狱，它们具有一切必要的严密性，又拥有我们已经学会的宽恕。在这七座监狱中，其中有一些是从无到有建成的：第一个，也是最重要的一个，就是克梅拉监狱，这座大型刑罚建筑实现了边沁全景监狱的纯粹状态，某种程度上它也是古典刑法着迷的幻想。

克梅拉监狱应该是在 1967 年或 1968 年投入使用的。在 1971 年，这个监狱发生了其他所有监狱都会发生的事情，首先是大规模的集体越狱，然后这样越狱的人马上又开始了他们的犯法者生活。

我们姑且认定监狱有两个作用：第一，确保对个人有效且持续的拘押，你们可以看到，克梅拉监狱发生的越狱清楚地证明了这一机制无法胜任。第二，事实上他们刚从这一完美的模范监狱中逃出来，就又重新走上了违法道路，这清楚地证明了监狱纠正功能的失败，也就是我们对拘押寄予的矫正目的的彻底地失败了。

如果它既不能维护安全又不能矫正，这样一个完美监狱又意味着什么呢？

瑞典人立即意识到或者说开始怀疑这一点，在 1973

年，他们试图确定一个替代方案，来取代这些古典的监狱。

替代方案包括哪些内容呢？这些机构与监狱完全不同：它们规模很小，容纳上限只有 40 至 60 人，在这里个人必须劳动，但这种劳动不是惩罚意义上的劳动，你们知道的，我是说那种愚蠢的、简单的、无趣的、枯燥的、屈辱的、无报酬的工作。完全不是，而是实实在在的工作，一份实际的工作，有用的、按照外面的劳动标准支付报酬的工作，一份参与到国家经济现实里的工作。

这些机构也尝试着在外界与个体之间建立最大程度的联系——主要是个体与家人、经常来往的身边人之间联系，而不是像以往监狱尝试做的那样，切断这些联系。这些机构为被拘押者的亲人朋友们准备了一些房间，这是一种小型的旅馆，家庭式膳宿公寓。他们的家人甚至是情妇们，可以来看望他们，在这样和别处所差无几的房间里，被拘押者可以和他们的妻子或者情妇们做爱。

在这些监狱中，不仅是纯粹财务方面的管理，我想说的是，不仅是后勤的管理，监狱的规划、惩罚方案也可以被讨论，一方面是管理层的意见，另一方面罪犯可以提出建议，共同参与制定刑罚的制度，这一制度对所有囚犯以及个人而言，是普遍共通的，必须对每个囚犯适用。

最后，在这些新模式的监狱中，或者说这些代替了监狱的机构中，出行的机会增多了，这不仅仅是对良好表现的奖励，也是社会再融入的措施。

我给你们介绍了这个例子。我也可以给你们举德国的例子，也就是1970年开始发展的一些机构，一些典型的拘押机构，围绕着这些机构，有人开始尝试建立一些非监狱性质的组织，一些过渡的或是职业培训机构，社区中心和治疗中心，就像比伦的那样，比如说，对每个不同的犯人有不同的刑罚方案，有一些农场和机构（为青少年犯法者准备的乡村宿舍）。

我还可以引用比利时的维尔塞、瓦内斯、林格尔海姆这一反犯罪学团体的方案，他们也提出这类通过公众直接参与运作的组织，尤其是这样的机构：公众在其中不仅负责关注机构的行政管理，也负责持续评价和咨询被拘押者的进步、找工作、进入半自由或是完全自由状态可能性等等。

在所有这些可以代替旧监狱的机构中，具体涉及的是什么？在我看来，实际上，与其说它们是监狱的替代方案，不如说是想要通过这些和监狱不同的机制，机构和组织来尝试承担一些东西，承担什么呢？

实际上，简单来说就是承担监狱的功能。基本上，我们可以用以下方式来说明：在所有的这些新的实践中，人们所追求的刑罚活动是以劳动为中心的。也就是说，

14　我们保有、只是简单尝试着完善一个老的观念，就像 19 或 18 世纪一样古老的观念，我们尝试保有这样的观念，即劳动在罪犯转变和实现社会安宁的过程中具有重要的作用。

最有可能、最可靠的预防违法的方式，那或许就是劳动。比起任何其他的方式，劳动最实际地实施了惩罚。是劳动构成了对罪行的社会性弥补。相比其他的事情来说，是劳动，可以让违法得到改正。换句话说，劳动是对违法最基本的、根本的回应。

这一观念同时是古典的，又是相对来说较新的。较新的是因为在 18 世纪和 19 世纪末，我们有一个奇怪的想法，也就是应该用死亡、酷刑、罚款或是流放这类方式之外的东西来应对违法。应该用施加于个人身上的，强制或强迫性的劳动来应对违法。在当时这是一个新的观念，但是从那之后变得完全古典的了，并且每次我们尝试它的时候都毫无意外地失败了。但是从 19 世纪开始，所有的监狱，所有的组织，所有监狱的功能都关注劳动的问题，都围绕着这个想法，即劳动无论如何都是对违法最基本的回应。然而，你们可以看到的是，这个观念同样可以在监狱的替代机构的想法里找到。诚然，我们也采取了其他的方式，但劳动的性质是不一样的，它没

15　有以同样的方式介入到社会经济现实之中，但是不管是

在监狱的替代机构还是在古老的监狱之中，总的来说劳动一直都是对于违法的主要回应。

其次，我还认为，在这些监狱的替代机构中我们看到了重新融入家庭的原则。也就是说，虽然其他方式也有实施，但你总能发现一个想法——即家庭是预防和纠正犯罪的基本手段的想法——始终在实施。在19世纪的时候，这种想法就已经有了，那时我们用一些现在看来相当奇特的方式来使犯人融入家庭，我们基本上让神父，探监者，或是慈善家来通过布道、劝诫或是一些好的范例，来保障他们融入家庭。重新融入家庭因此是抽象的、虚构的等等，但是它确实是我们看到的，在19世纪运作的刑罚工作的主线。此外，事实也是如此，在法国梅普雷斯等地于1840年首次建立青年男子拘押中心时，甚至比其他监狱更严格地实行了"重新融入家庭"原则。我们试图在孩子们身边建立某种程度的非自然家庭。之后，就重新安置他们到家庭中。无论如何，在整个19世纪，家庭始终被认为是合法性、合法生活或回归合法生活的基本角色之一。

然而，这种家庭必须成为合法性代言人的观念，你们会发现它原模原样地，以其他的方式在这类监狱的替代机构中实行。[16]

最后，在这些现代的机构中，我们企图让被拘押者自己，让被拘押者的意见等等参与到刑罚程序中。我认为我们做的事情说到底是让被拘押者自己参与到惩罚自己的机制中。理想的情况就是让被惩罚的个体在建议的形式之下，自己接受将要实实在在施加在他身上的单独的或集体的惩罚程序。

我们让他部分地参与决定刑罚，参与将施加在他身上的刑罚的管理，我们给他这一部分决定权，正是为了让他接受，让他自己实行惩罚于自身。要让他自己成为惩罚的管理者。然而这也是一个古老的原则，是 19 世纪的刑法学家试图让它发挥作用的矫正原则。对他们来说，当一个人能够接受自己的惩罚，当他能够为自己的罪责负责时，他就开始改正。

当时，特别是在 1840—1850 年前后，这种思想是在被拘押者的禁闭中实施的，在本应引导他沉思和反省的单独监禁中寻求的。现在，[实施这种想法]不再是在单人牢房里，而在[被拘押者]对于决定的意见中，但所追求的目标还是一样的，那就是作为纠正原则的自我惩罚。

17　　作为纠正原则的自我惩罚，作为纠正和合法性代言人的家庭，作为刑罚最基本的手段的劳动：这三个伟大的机制是整个 19 世纪监狱运作的特点，你们可以看到，现在甚至比以往任何时候它们都在所谓的监狱的替代机构中运作。无论如何，我们想要在这些并不像监狱的机构中实施的，就是这些古老的监狱职能。

在某种意义上，对监狱的质疑，对监狱的部分拆解，监狱高墙的部分开放，可以说在一定程度上将犯法者从19世纪监狱严格、全面、彻底的禁锢中解放了出来。

在一定程度上，犯法者得到了解放，但我想说的是，其他的东西也同时得到了解放；也许不仅仅是罪犯得到了解放，监狱的职能也得到了解放。监狱通过工作、通过家庭、通过自责来实现再社会化的功能，这种再社会化，其实已经不是只在监狱这个封闭的地方局部，而是通过这些相对开放的机构，我们尝试把这些旧的功能在整个社会组织中扩散和传播。

瑞典、德国、比利时、荷兰等国创建的这些机构，似乎是一种新型的机构。但是，这些机构可能不是真正的替代方案，或者至少不是设计出来的唯一的监狱替代方案。

实际上，还有一些其他的方案，并且从某种程度上来说，这一点越来越真实了——我们在寻找一种惩罚的 18
形式，它不通过对个体的机构化进行，因此它不完全把个体放在古典的拘押机构中，也不把他们放在所谓的现代的、改良过的、代替了监狱的拘押机构中。

这种惩罚，这种惩罚系统，不会由开放或是半开放、关闭或是半关闭的拘押机构来执行。这样的情况可以举一千多个例子。这种惩罚形式较早开始普及的是缓刑实践，有简单缓刑*或考验期缓刑†的做法。在最近的几年，缓刑取代了短期的有期徒刑，你们可以在像波兰这样的国家中看到，他们已经废除了所有短于三个月的惩罚。在德国，你们会发现，短于一个月的刑罚被废除；你们也会发现，在荷兰，他们实施了某种惩罚系统，在这一系统中，罚金制度扩大了，但同时又更加灵活，更易令人接受，就其对经济地位差异的关注而言也更加公平。你们可以看到还有很多通过废除一些权利来替代监狱的尝试，比如说驾驶权——吊销驾照，限制移动等等。监狱的替代方案也通过强制工作来执行，但发生在开放的环境中，完全不预设对个人的监禁——即便是不完全的监禁。

好，所有这些都表明，我们正试图以一种其他方式来惩罚个人，而不是通过拘押机构对身体的控制，无论是古典的，改良的，还是监狱的替代性拘押机构。

但我认为，无论如何，在我刚才提到的这些真正意义上的监狱替代形式中，有一些问题必须立即让你们注

* 即如果犯人在五年之内没有违法，就不用执行刑罚。（如无特别标注，本书脚注为译者注。）

† 即以在缓刑期间履行一定的义务为条件，暂缓执行刑罚。

意到。首先，当然，它们还是，且很可能就只是一种有限度的扩张。还需要指出的是，这些当中的很多方案，比如说缓刑或者是半日制拘押，它本质上是一种拖延进入监狱的方式，是将主体进监狱的时刻推迟，或者是将监狱的时间稀释在整个人生阶段，总之，它并不是真正意义上的另一种不涉及拘押的系统。然后，这也是最重要的一点，基本上我们试图通过这些新的方法来惩罚个人，而不是把他们关进监狱，这些新的方法也是重新启动和更好地确保我早些时候谈到的旧监狱功能的某种方式。将债务强加于个人，剥夺他一定程度的自由，如行动自由，这又是一种限制他的方式，使他无法动弹，使他具有依赖性，使他承担工作的义务、生产的义务或家庭生活的义务。尤其是最终，有如此多的方式将监视的功能扩散到监狱之外，它们作用的对象将不仅仅是被关在牢房里或被锁在监狱里的个人，而也将扩散到表面上看起来自由的个人生活。缓刑犯是指在日常生活中受到全面或持续监控的个人，在任何情况下，他与家庭、工作和身边的人的关系都会受到监控。总之，对他的工资，对他使用这份工资的方式，对他管理预算的方式进行控制；对他的居住场所也进行监控。

监狱所特有的权力形式，所有这些旧的拘押制度的替代系统，所有这些替代的形式，它们的功能，基本上就是把这些权力形式像癌症组织一样扩散到监狱的墙外。

这是一种真正的超-刑罚权力，或者说超-监狱权力，它正在发展，正因为监狱机构本身正在减少。堡垒正在倒塌，但本应由监狱机构保证的社会功能、监视功能、控制功能、再社会化功能，现在却要由其他机制来保障。

所以，当然，我们不应该马上说：这更加糟糕，有人正在以这些所谓监狱的替代方案，为我们准备比监狱更坏的东西。

可能也不是更坏的，但我认为重要的是要记住，没有什么能真正替代监禁系统。确切地说，这是一个解体旧的监狱功能的问题，监狱曾试图以一种残酷和粗暴的方式来保障这些功能，而我们现在正试图使这些功能以一种更灵活，更自由，同时也更扩张的方式发挥作用。总是同一个主题的不同形式，在同一个曲调上、小曲上变奏，这就是拘押的刑罚：有人犯下了非法行为，有人犯了罪，好吧，我们要接管他的身体，我们要把他或多或少地完全掌控，我们要把他置于持续的监视之下，我们要让这个身体工作，我们要规定行为模式，我们要用控制、评价、换班、奖励的机制来无休止地使身体维持运转。所有这些，好吧，是 19 世纪惩罚程序的旧基础，你们现在看到的是以一种新的形式来保证惩罚，这种形式并不是监狱的替代办法，我要说的是，这种形式是监狱的重现形式。它们是监狱的重复形式，是监狱的扩散形式，而不是被视为取代监狱的形式。

现在我想提出的问题是：监狱机构目前实际上正在承受着批评，我不想说这些批评来自所有方面，但在非常宽泛的层面上，它遭受了一定数量的批评和质疑，这些批评和质疑可能会令监狱机构越发扩散。

我现在想问的问题是：两件事中，哪一件是我们该谈论的呢？首先，我们可以这样说：监狱显然在消失，但由于它被视为确保的那些基本功能现在由新的机制负责了，所以归根结底监狱的消失并没有改变任何东西。是不是更应该这样说：假设监狱已经消失了，那么现在扩散到高墙之外的监狱的职能，是不是也会一点一点地倒退，失去它们的支撑点呢？它们不会消失吗？换句话说，工具是不是会先消失，然后功能本身最终会消亡？ 22

当前，不仅是在所谓的反对党派圈子中，还有在不同政府的议会以及不同国家做出的决定当中，实际上都存在对监狱的质疑，这一事实有何政治含义呢？

开始寻找监狱的替代方案，是否早晚意味着监狱的消失，以及之后其功能的消失？又或者，实际上是相同本质的刑罚机制的续期？

我现在要讨论的就是这个问题，我认为要讨论这个问题，我们首先要回答一个问题：归根结底，监狱的一

017

贯形式，紧凑密集的监狱，高墙紧闭的监狱，有单人牢房的监狱，有纪律制度的监狱等等，监狱这一机构的目的是什么？监狱的作用到底是什么？到底发生了什么事，让18世纪末发明的作为刑罚手段的监狱存活了200年，并且在今天仍然存在，尽管人们对它提出了无数的批评？并且，这些批评不仅是近几年才有的，而是从监狱诞生之初就存在的，因为实际上，20年之前，监狱还没有制度化地成为一种主要的惩罚手段，监狱甚至都还没有被列入欧洲刑法典时，就已经有人对监狱提出了激进的批评，这种批评与现在我们的批评基本相同。那么，监狱的意义何在？

我认为，如果我们想弄清楚这场寻找监狱替代方案的运动目前来说意味着什么，就必须回答这个问题。

我想先提出一种悖论式的假说，之所以这么说，是因为，与真正的科学假说不同，我不确定这一假设能不能用完全"完整"的论据来验证。我认为这是一个工作性质的假设，我认为这是一个政治假设，如果你们想的话，我们可以说这是一个战略游戏，我们应该看看它能带我们走多远。

就是这种假设。因此问题将是：刑罚的政策——也就是笼统地说，对一系列犯法和违法的定义，针对这些行为的程序性规则，为之准备的惩罚——在不同的社会

018

中，这些刑罚的政策是否真的如它们预设的，人们说的那样，具有有效的消灭违法的功能？

归根到底，一种刑罚政策，一部程序性规则的法典，种种惩罚机制，所有这一切司法工具，表面看来是为了消灭违法，实际上难道不是为了组织非法主义行为 * 吗？难道不是为了区分这些非法主义行为，在它们之间建立一种等级，以便容忍特定的部分而惩罚另一部分，以某种方式惩罚一部分，而用另一种方式惩罚另一部分吗？

难道刑罚机制的功能不以消灭非法主义行为，相反以控制非法主义行为，将它维持在某种平衡状态为目的？这一控制在经济意义上有用，在政治上也有颇有成效？简而言之，刑罚政策是不是应该理解为管理非法主义行为的某种方式？ 24

或者说，刑罚真的是在向违法宣战吗？难道刑罚不就是某种简单的与违法协调的经济吗？

尽管刑罚系统下达了命令，但它实际上并不是一种制止犯法的机制，而是一种管理机制，是一种区分的强

---

* 非法主义行为（illégalismes），该词本意为非法主义，原指 19 世纪到 20 世纪初的无政府主义者认为通过一系列非法主义活动可以撼动政权统治根基的理论。福柯发展了这一概念，非法主义不仅指违反社会规范和法律的一系列活动，还指对这些被定义为违反纪律、规章制度的行为的社会性区别对待、分类、管理。下文涉及的复数形式统一译作"非法主义行为"。

化机制，是一种扩散非法主义行为的机制，是一种控制和分配这些不同非法主义行为的机制；我相信，我们很容易从监狱的运作中找到证明。

我们经常研究监狱机构，描述它们的建筑的布局，细致的规章制度等。这一切都已被定义。住在监狱里的人身体和精神上的痛苦也常常让人感叹。

有人研究过了，研究这些当然也是好事。然而，我不确定这研究是否系统地或以非常明确的方式完成了，我认为我们还应该研究监狱导致的非法主义行为的数量和所有形式。最好应该研究监狱运作所需的所有非法主义行为。其实，监狱是一个大量非法主义行为持久的发源地。

在所有导致非法主义行为、违法行为的机构中，监狱无疑是最高效、最有成效的。有千百个证据表明，监狱是非法主义行为的温床。首先，一些我们熟知的证据表明，人们从监狱出来后总是比原来更容易犯法。通过社会再融入失败的效果，通过（这是真实存在的）犯罪记录的案底，通过形成犯法者群体等，监狱使它关押的人陷入非法主义，这种非法状态通常将伴随着他们的一生。

这些都是众所周知的。但我认为还应该强调的是，只有通过一系列多重且复杂的非法主义行为，监狱的内部运作才得以可能。记住，一直以来，监狱的内部规章制度都在完全违反一些基本法律，这些法律在社会的其他地方，保障着人们的权利。监狱空间是权利和法律的绝对例外。监狱是一个让被拘押者自己和看守，对被拘押者施加身体暴力和性暴力的地方。这是一个饮食缺乏的地方，也是一个强制剥夺、压抑性的地方。正如我们所知，监狱也是被拘押者之间、被拘押者与看守之间、看守与外界之间不断进行非法交易的地方；此外，这种非法交易对囚犯的生存来说是必不可少的，如果没有这种交易，他们将无法摆脱困境，无法生存，有时甚至是严格的身体意义上的无法生存。这些交易也是看守生存的必要条件，如果没有这笔多余的钱，也就是来自越过高墙的经常性非法交易收入，他们将无法忍受自己的处境和待遇。监狱也是管理层每天都进行非法主义行为的地方。他们每天都在进行这种非法主义行为，一方面是为了在司法机关和上级行政部门面前掩人耳目，另一方面 26 是为了向公众掩饰监狱内部发生的所有非法主义行为。

好吧，我们可以补充说，监狱是这样一个地方：警察在这里招募他们的低级员工，他们的线人，他们的打手，甚至是他们的杀手和勒索者。总之，每当警察需要做些肮脏的活时，他们到哪里去找那些最有可能为他们服务的人呢？当然，在监狱里。

围绕着监狱的非法主义行为比其他任何机构都要多。所有这些都是众所周知的，我很抱歉又回到了这些不言而喻的事情上，但我认为，令人遗憾的地方在于，对机构的运作如此感兴趣的社会学家们，却没有试图做出维持监狱生命的整个非法主义行为网络的图解，这一网络让通过监狱进行的非法主义行为得以运作，也让监狱本身得以运作。

我认为还没有关于这些的系统性研究，而只有纯粹的描述。如果大家不了解的话，我想请大家看看美国的布鲁斯·杰克逊的书，英文书名叫作《在生活中》，它在法国刚刚翻译出版，我记得书名是《在监狱中》；[4] 这本书是由对被拘押者的采访组成的，他们大多数来自得克萨斯州，书中详细讲述了在监狱中的生活。尤其是关于性爱、性违法行为、性非法主义行为或是性暴力在监狱中扮演的角色的篇幅，绝对令人眼花缭乱；这些描写也正说明了，只有在所有事情都违法的情况下，监狱的一切才能运作起来。

27　　我不知道犯罪学家能否确立，具体到每个机构的非法主义率。在我看来，我们应该可以研究这个问题，例如看看一个学校的运作，一个银行的运作，一个税务机关的运作背后的非法主义率。

每个机构都有为了其存在所必要和足够的非法主义

行为率。但我可以肯定的是，监狱运作和存在所必需的非法主义行为率，肯定是理想的功能性非法主义行为率中最高的。

监狱，就是制度化的非法主义。因此，我们决不能忘记，在以打击非法行为为借口所产生的西方司法机器核心中，在这个目的是执行法律的司法机器核心中，有一个永久运转着非法主义的机器。监狱是合法性的暗室。它是合法性的"相机暗箱"。

我们这样的社会，赋予自己一个如此庄严、完美的机器来执行法律，为什么我们要在这个机器的中心放置一个小机制，一个只通过非法行为来运作，只生产违法行为、非法行为和非法主义的小机制？

我想，造成这种情况的原因其实有很多。其中有一条，可能是最重要的。不要忘记，在监狱存在之前，也就是说在我们选择用这种奇特的小机制通过非法主义行为来执法之前，在这种小机制被发明之前，在 18 世纪末，旧 28 制度的统治下，刑罚制度的网眼实际上是疏漏的。非法主义是社会的常态和一般功能。这既是由于当局的无能为力，也是由于非法主义对于经济上正在转换的社会而言实际上是必要的。从 16 世纪至 18 世纪末，构成资本主义的巨大变革主要都是通过非法渠道进行的，这与政权机构和社会机构有关。走私、海盗行径，包括逃税、敲诈勒索，都是资本主义得以发展的途径。在这个程度上可以说，容忍，整个社会对自身非法主义行为的集体容忍，不仅是这个社会生存的条件之一，也是这个社会发展的条件之一。此外，社会阶层本身也围绕着这些非法主义行为进行竞争，成为共犯。比如走私，它使整个工人阶级得以生存，走私有利于这些工人阶级，也有利于资产阶级；而资产阶级在 18 世纪，甚至在 17 世纪，从来没有做过任何打击走私的事情，如流行的食盐、烟草走私等。无论是政治生活还是经济发展，非法主义都是路径之一。现在，当资产阶级掌权的时候（准确地说不是 19 世纪，事实上他们从很早就开始掌权了），当他们开始来组织政权来给自己提供与工业社会一致协调的权力手段时，显然，这种对非法主义的普遍容忍不再被接受。

当然，资产阶级社会和其他社会一样，继续以非法的模式运作。它建立了一系列有利于它的非法主义行为，这些非法主义行为涉及纳税、公司税收等，总之，资本主义的所有大买卖都要通过非法行为进行。

但是如果说资产阶级可以容忍自己的非法主义，容忍在 17 世纪和 18 世纪曾对资产阶级社会起过很大作用的平民阶级非法主义行为，那么相反，从 19 世纪到现在，它们不再被容忍。因此，资产阶级试图镇压和控制这些平民非法主义行为——从经济角度看它们已变得无法被

29

容忍，出于政治原因它们也不被容忍。

从经济的角度看，事实上，从资产阶级发展起来，把机器、工具、原材料等等交到工人和工人群众手中的那一刻起，任何走私、任何抢劫、任何的小偷小盗行径，都会通过积累而达到在经济上不能容忍或危险的程度。从我们有了工业型的经济组织开始，工人阶级的道德观念是绝对必要的。法国大革命，以及从18世纪末到19世纪中叶震撼欧洲的所有民众动乱，这些政治运动也让严格控制一切平民非法主义行为变得必要了。因此，资产阶级需要一种刑罚机制，使旧体制对非法主义行为特有的那种容忍消失。

而在这些镇压、减少非法主义行为，对其进行编码，使其回归合法的手段中，好吧，这里有一定数量的手段，而其中一种恰恰是组织了某种特殊形式的非法主义，它在某种程度上，建构了一帮子以明确的方式从事职业性非法主义的人，这种非法主义行为大概称其为犯法

30

（délinquance）。*

确实，由于有一小部分人明确致力于犯法，我们便赋予了自己一个强大的权力工具。首先，从非法主义在某种程度上被职业化，被特定的一群人接管的那一刻起，当非法主义在整个社会身体中扩散的时候，我们会更加容易监管它。其次，从这一职业非法主义团体本身存在的层面来看，它就与广大人民群众之间有冲突，而后者显然是该群体进行非法主义行为的首要受害者。一边是犯法者（délinquants），一边是广大人民群众，两者之间的冲突是 19 世纪以来当局永远追求的目标。另一方面，民众对犯法者群体无法不怀有敌意，这使得民众可以更加接受、更加容忍警察在其间的长期存在。

31　　侦探文学、报纸，包括现在的电影，不断地挑起对犯法者的恐惧，构成了全部的可怕传说，表面上看起来是美化的，实际上的确是令人害怕的。这种围绕着犯法

---

* 关于违反法律的行为，福柯做出了一些词汇区分，délinquance 和 délit 是其中的重要概念区分，它通常指向的是轻罪行为，且与监狱、与非法主义行为有密切的联系。本书将两者都译作"犯法"，将相应的违反者 délinquant 译作"犯法者"，以区别于我们日常语境中的违法犯罪概念。针对 délinquance，福柯在《规训与惩罚》第四部分将这一行为定义为"刑罚机构力图借由监狱来减少的形式"，是让非法主义行为"得以区别、安排及控制的刑罚方式（及拘留刑罚方式）的一种结果"，是非法主义行为形式之一，也是一种被赋予了工具性角色的非法主义行为（译法及此脚注所引译文参考米歇尔·福柯：《监视与惩罚》，王绍中译，时报文化，2020 年）。——编注

者的人格、围绕着伟大罪犯而建立起来的骇人听闻的传说，使得警察在民众中的存在在某种程度上变得自然、融入。我们不能忘记的是，警察也是最近的发明，我必须说，因为我是法国人，所以我有点沙文主义，我们之所以能在 18 世纪末 19 世纪初建立起优良的警察制度，是法国的功劳，世界各国都在模仿法国。最后，这群犯法者构成的专业化的群体，可以被权力机关利用，达成多种目的。他们可以用于执行监视任务。告密者、间谍等就是在这些犯法者中招募的。他们还可以被利用来进行一系列有利于统治阶级的非法主义行为。资产阶级不愿意自己做的非法交易，自然就会让那些犯法者去做。所以你们可以看到很多经济利益，很多政治利益，最重要的是，对犯法的疏导和严密的编码，在职业犯法行为的构建中找到了其手段。所以，这是一个招纳犯法者的问题，是一个把人钉在犯法者的职业和身份上的问题；用什么手段招纳犯法者，可以让他们保持犯法状态，并继续无限期地监视他们的犯法活动呢？这个工具当然就是监狱了。

监狱一直是一个犯法者的工厂，监狱制造犯法不是监狱的失败，而是它的成功，因为它就是为此而生的。32 通过犯罪记录，通过监控措施，通过在犯法者圈子中安排告密者，通过监狱提供的对这一群体的详细了解，监狱使累犯得以可能，它确保了一批专业化程度高、封闭性好的犯法者群体的建立。正如你所看到的，监狱制度可以维持对非法主义行为的控制；通过这些措施的效果排除了犯法者任何社会再融入的可能，它确保了犯法者仍然是犯法者；另一方面，由于他们是犯法者，他们将继续处于警察的控制之下，可以任由警察处置。

因此，监狱并不是刑法赋予自身的打击非法主义行为的工具，监狱是重新组织安排非法主义范围的手段，是再分配非法主义行为经济学的工具，是产生某种形式的职业非法主义、犯法的工具，它一方面会镇压和减少平民非法主义行为，另一方面也是当权者针对非法主义的工具。因此，监狱不是犯法的抑制剂，也不是非法主义的抑制剂，而是非法主义的再分配者。而关于这一点，只需举出一两个例子来证实。

想想19世纪直到最近几年犯法的作用，犯法在性行为利益中的作用吧。性生活毕竟是一种需求，某种程度上而言应该是很容易被满足的，不需要向某个营利系统支付费用。但是，19世纪所有资产阶级社会对娼妓制度的精心组织，使人们得以从性快感中榨取到数量惊人的钱，这一数据是近几年才开始看到的。即使在今天，在法国这样一个与19世纪相比，卖淫相对来说已经失去了重要性的国家，卖淫仍然构成了可以确定和测量的巨

33

大交易额。在19世纪，可以肯定的是，按比例来说，通过卖淫的方式从人们的性快感中赚到了绝对巨大的利润。但雇员是谁，谁是负责收取和监管这些性利润的人？当然就是犯法者圈子了：皮条客、拉皮条的、旅馆老板等，他们以各自的方式，向完全体面的金融机构输送，每晚从人们的快感中获取的利润。

显而易见的是，犯法是资产阶级用来从性行为中获取非法利润的工具之一，他们使性行为非法化，并以犯法者，即专门从事非法主义行为的人为中介。

19世纪在反工人和反工会斗争中雇佣一些犯法者的情况也是如此。在整个19世纪，破坏罢工者、挑事者、工会渗透势力一直以来都是从犯法者中招募的。我们用不着对黑手党现象进行深入研究，以北美国家为例，就会发现，犯法继续发挥着它在19世纪被赋予的经济政治作用。

如果说黑手党的招募方式并非像传统的犯法者的招募，那么在黑手党存在之前，甚至在那些根本都没有黑手党的国家，我们上哪去找这些非法行业的劳动力呢？我们会在犯法者中找到劳动力。所以我认为，你们可以看到，尽管自19世纪初以来，人们对监狱提出了种种批评和反对意见，但监狱却如此重要，能存在、延续这么久，其原因就在于它们实际上具有重要的、明显的政治和经济作用。

现在，还有一个问题要问，我将以这个问题结束：我认为我们可以说明监狱如何以及为什么有用，如何以及为什么在任何情况下，它都有用。然而现在我们看到，监狱确实受到了来自不同角度的一定数量的批评，至少在一定程度上，监狱正在衰退。这一现象是怎么回事呢？难道仅仅是一种错觉？监狱的巨大机制将继续存在，因此犯法也将继续像现在这样运作？或者说，监狱其实已经失去了它的作用和角色？

我认为，有一个重要事实应该铭记在心。监狱确实
35 开始衰退了，这不仅仅是一些外部批评的效果，发出这些批评的圈子也许或多或少是左翼的，或者或多或少受某种慈善事业驱使；我相信，如果监狱在衰退，如果政府接受监狱的衰弱，那说到底是近年来对犯法者的需求减少了。当局不再像以前那样需要犯法者。特别是，现在越来越没有迫切的需要去制止那些19世纪社会无法容忍的所有轻微的非法主义行为，所有像偷盗这样轻微的非法主义行为。过去，小偷小盗都值得人们担惊受怕。但现在，我们知道如何实行某些全局性的控制，我们试图将偷盗行为控制在一定的可容忍的数量范围内，我们知道如何计算打击偷盗行为的成本，以及容忍偷盗行为后会付出的代价，我们知道如何在两者之间建立一个最

佳点：一边是防止偷盗行为越界的监视，另一边是容忍偷盗行为在经济、道德和政治上有利的限度内发生。

大商场控制偷盗的方式，人们对付偷盗采取的方式，对付空头支票的措施，对医保诈骗、社保诈骗情况的措施等，都很好地证明了，非法主义的成本在行政或国家层面已经完全计算好了，哪些非法主义的形式我们完全可以容忍，哪些有必要追究也都计算好了。因此，激进的、个别的、零星的打压平民非法主义行为的想法，现在在政治上已经过时，在经济上也是荒谬的。现在，轻微的非法主义行为已经成为一种可被接受的社会危险。

其次我认为，犯法，或者至少是犯法者圈子的存在，已经失去了很多经济和政治效用。以我前面提到的性行为为例。性行为方面的利润曾经通过卖淫赚取。现在你们很清楚，我们已经找到了其他更有效的从性行为中获利的方式：避孕产品的销售、性治疗、性学、性的精神病理学、精神分析、色情片，所有这些机构都更加有效，不得不说，比起无聊的卖淫，这些性盈利方式更有趣。

我们也可以说，大型的国际交易、大型的武器和毒品买卖、大型的货币交易，越来越超出了传统犯法者圈子的能力范围，传统犯法者圈子无疑是一群勇敢的小伙子，但他们在监狱中接受的训练，无疑没能使其成为人们现在所需的国际非法买卖头号贩子。他们作为劳动力而言，过于手工化，过于笨拙，过于吸引注意力。

　　是大资本家自己负责管理这些大型非法主义行为。在这个程度上，也可以说，犯法已经失去并正在失去越来越多的效力和政治经济利益。这也是为什么，当前对监狱这一古老制度的批评，这个就像监狱本身一样古老的批评，无疑第一次开始真正地腐蚀。我之前说的那些著名的监狱替代方案，我们不应该惊讶于现在它们已被发明出来了。我们现在开始完全接受拆除监狱围墙，或至少大幅度减少高墙的限制，这不是善心大发而导致的强烈批判，也不是因为新的犯罪学。如果说，监狱第一次被破坏，并不是因为我们第一次认识到了它的弊端，而是因为第一次认识到了它的优势开始消退。现在我们不再需要生产犯法者的工厂了，相反，正因为通过专业化犯法进行的控制失去了效力，我们越来越需要用其他的控制来替代，这些控制是更细微的控制，是更精细的控制；也就是通过知识的控制，通过心理学、精神病理学、社会心理学、心理学、社会精神病学、犯罪学等进行的控制。

　　正是这些控制，最终将比监狱-犯法这对粗暴的手段更有效地，确保社会的控制。换句话说，犯法的经济政治效用消失了。我们已经不再需要生产犯法者了，所以我们不再需要有监狱，来作为非法主义行为的机器，作为宣传和控制非法主义行为的机器。相反，我们需要控制的工具，来取代监狱－犯法这一组合，我们需要一对新的组合，一对新的搭档，这对组合将不再是监狱和犯法，而是控制和不正常的人，对异常个体的控制，当然，这对组合将以完全不同的延伸范围和完全不同的效力，确保旧时监狱和犯法的作用。

由此，我们可以得出什么结论？我不会以提出几个可能性来结束，因为，你们看，我不相信监狱会失败，我相信它会成功，直到现在我们意识到我们不再需要犯法者的那一刻都非常成功；它也没有失败，只是理所当然地被清算，因为我们不再需要它生产的利润。

而另一方面，也没有监狱的替代方案，或者说，监狱的替代方案的提出，更多地是我们用其他的方式来在更大的人口范围上确保"监狱与犯法"这对质朴而古老的组合的旧有职能。

说完这些关于监狱的替代方案以及监狱的失败的话，我们可不可以说说更加实际点的话呢？我将以两三点思考来结束，这些思考将是策略性的。我想说的是：首先，使监狱走向衰退，减少监狱，改变监狱的运作方式，揭露那里可能发生的所有非法主义行为，这不是坏事，甚至是好事，甚至是必要的。

但我们要明白，这种对监狱的揭露，这种试图使监狱衰退的实践，或者像人们所说的，寻找替代监狱的方案，本身既不是革命的，也不是有抗议性的，甚至也不是进步主义的。从长远来看，这对我们的制度来说甚至可能都不是问题，因为我们的制度越来越不需要犯法者，因此也越来越不需要监狱。

第二，我认为我们需要更进一步。监狱的衰退，既不是革命性的，甚至也不是进步性的。一不留神，就有可能使原来在监狱本身内部施行的功能在自由状态下发挥作用，让它们有可能从监狱本身中解放出来，被控制、监视、规范化、再社会化的多重权力机制接管。对监狱的批判，寻找一种替代监狱的方案，如果不以严格审慎的方式对监狱机制在社会主体范围内的扩散提出质疑，那么这种批判和寻找就是在政治上有害的举动。

第三，仅仅从刑法理论层面而言，监狱问题是无法解决的，事实上也无法被提出。监狱的问题也无法仅仅从犯罪心理学或犯罪社会学的角度被提出。监狱的问题，它的作用，它可能的消失，只能从经济和政治角度被提出，从非法主义行为的政治经济学角度被提出。

需要向当权者提出的并不是这个问题：你们到底想不想让这个肮脏丑恶，让我们灵魂受尽磨难的监狱停止运行？当我们不再是囚犯，当监狱并不伤害我们的身体时，应该对当权者说：不要再滔滔不绝地讲法律了，不要再做所谓的执法工作了，你们倒是跟我们说说你们的非法主义行为是怎么回事？真正的问题是：作为当权者的你们，在不同的非法主义行为之间到底建立了什么区别？你们如何处理自己的问题，又如何处理别人的问题？你们管理不同非法主义行为的目的是什么？你们从这些和那些活动中获得了什么好处？

正是这些问题，这些关于非法主义行为的一般的经济学问题，必须向当权者提出，但我们当然并不指望他们能回答，所以我们必须尝试分析这些问题。而任何对刑法的质疑，任何对刑罚的质疑，如果不把非法主义行为在社会中运行的这个巨大经济政治背景考虑在内，就必然是一种抽象的提问。

最后，如果我们愿意老调重弹的话，这话也许已经听得太多了：如果不探索一个新的社会，就不可能有监狱改革！我想说，如果我们一定要想象一个不同的社会，以便设想出一种不同的惩罚方式的话，我相信，在我们关于另一种社会的梦中，最重要的不是想象一种特别温和、可被接受的或有效的惩罚方式。我们必须先想象一些先决的东西，而这些东西无疑更难发明。尽管左顾右盼，不管是左派还是右派，我们眼皮底下有的是灾难性的例子，尽管如此，我们还是必须探寻，我们都必须问自己的是，我们真的可以想象出一个这样的社会，一个其政权不需要非法主义行为的社会吗？

　　问题不是人们对非法行为的热爱，问题是：政权可
41　能需要支配非法主义，控制这些非法主义行为，并通过
这些非法主义行为来行使其权力。不管这种对非法主义
行为的利用是通过监狱还是"古拉格"来完成，我相信
无论如何问题都存在：会有不喜欢非法主义的权力吗？

（柏颖婷　译）

与福柯一起思考刑罚的现实性

西尔万·拉弗勒

米歇尔·福柯曾讨论过人文科学中的认识论断裂，话语的赋权，对疯癫的利用，精神病院和监狱的诞生，重农主义和奥尔多自由主义*的治理术，司法中的招供，基督教道德和性方面的医嘱。他还积极参加了监狱信息小组 (GIP)，该小组致力于传递囚犯的声音。如果说他关于权力行使的微观物理层面的论述和生命政治学的出现的论述已众所周知，那么他关于刑罚进步主义——关于

---

* 奥尔多自由主义，即弗莱堡学派主张的新自由主义，发端于德国弗莱堡大学，该学派提倡一种由完全竞争的市场经济和简单集中的领导经济相结合的竞争秩序。——编注

监狱改革的立场，在我看来却鲜为人知。

所以我认为，根据我们当下的现实性来考察下他对于刑罚变化的准确立场是十分有必要的，首先我们先回顾一下他的一些重要思想。

非法主义行为

所有的个体都会进行一些行动让自己生存，繁衍，交往，满足需要，获取快感，保证生存：他们吃饭，工作，说话，睡觉，逃跑，做爱，移动，交往，示威，打扰他人，遭受危险等。当这些行为所处时代的背景、敏感度或特定的利益使它们被纳入禁止的制度中，其中一些行为就有可能受到惩罚。于是，它们就变成了非法主义行为：在合法性与非法主义之间不断变化的边界上的活动。然而，某些行为被禁止并不意味着它们被（或将被）惩罚：有许多人从事的新英格兰织布工的私人贸易，即使它违反了当时的法律，也得到了容忍和鼓励[5]。同样，当法律将同性恋者判处最严重的酷刑时，很少有同性恋者被公之于众。反过来说，并不是因为法律不加禁止的行为就不会（或将不会）受到具有强制力的权力这样或那样的惩罚：尽管同性恋已经去罪化，也有警察惩罚同性恋[6]，司法机关对宪法承认的活动（示威、罢工）也进行了严厉的惩罚，而这些活动并没有在法律文本中被系统性地定罪[7]。福柯用这些例子来说明司法和执法干预的自由裁量性质，它提醒我们，在我们的社会中，当日常活动被权力机关处理时，会被区别对待，权力可以根据自己的意愿，保障秩序或无视法律条文。

区别对待非法主义行为是根本性主题。这是福柯关于惩罚性社会的思想基石。"如果不对非法主义行为的积极功能提出疑问，就无法理解刑罚系统的运作，一个法律和禁令系统的运作。"[8]他在1973年2月21日的课上说。非法主义的概念让我们越过犯罪学基础的术语——从违法行为和犯法的概念开始——并与绝对寄生性的犯罪观决裂，这一犯罪观将从外部威胁到因内部矛盾而卸压的经济政治生活。[9]在这方面，非法主义的概念使得我们援引关于罪行工具化和利用贱民形象的言论。这就是为什么在《规训与惩罚》和《监狱的"替代方案"》的结尾处会战略性地提出这个概念。非法主义的概念提醒我们，考虑到对一些活动可能的惩罚（不管其执行与否）所产生的利益（货币的、政治的、符号的），对监禁和刑罚系统的批评不应该不对惩罚的功能提出质疑。

要强调的是，福柯对惩罚领域的看法是以一种法律现实主义为标志的，它与一种理想化和过程化的司法观是决裂的，这种司法观认为：

1. 立法者通过法律颁布禁令；

2. 禁令将由警方来执行，

3. 以便司法机关确定处罚；

4. 这些处罚由监狱和刑罚机构执行。

福柯反驳了司法机构和警察机构仅忙于执法的前提，认为随着时间的推移，他们已经被引向调整自己的干预措施，以实现行为的转变，从而导致司法机制运作与法律的置换。[10] 事实上，福柯认为，规范化社会的出现使得"法律话语"[11] 模式的走向衰落，使法律次级化[12]。这并不意味着法律正在消失，也不意味着司法机构正在趋于消失，而是法律越来越多地发挥着规范的作用，司法机构正在与"一系列（医疗、行政等）机构接轨，而这些机构的职能首先是调节性的"[13]。从更广泛的生命政治角度来看，当完善法律工具——以允许各个机构掌控在法律打击范围以外的活动，或使个人受制于法律——看起来非常必要时，越来越求助于法规之外的规范化手段，将会助长立法权的膨胀。[14]

福柯注意到，司法并不由其法律的严格性定义，他认为法律数量的增加所提供的自由度将具有一个功能，即允许秩序的维护者为了处理琐事，而将目标个体吞噬进一个约束性的司法领域中。[15] 因此，（管制或安全的）规范化社会将从此处于"秩序至上"的庇护之下，它将为管理人口，管理"不正常人"的方式提供方向和正当理由。

需要记住的是，福柯并不反对惩罚的存在，他认为个人因违反规定而受到惩罚并没有什么"骇人听闻"[16]的。但另一方面，他认为拘押一个人是"无法接受的"[17]，因为他或她所面临的司法系统是一个任意行事和做法过时的系统，这个系统不考虑社会面临的真正问题。为此，他呼吁明确界定应受惩罚的行为，期待新的"非规训式"法律的到来，并指出惩罚的不恰当性，以迫使当代贝卡里亚和贝尔坦——即那些以重塑司法为已任的人——改观。

因此，对非法主义行为的区别对待和"秩序至上"的主题，就构成了福柯表达对刑罚人性化实践看法的反思性背景。让我们回顾一下，监禁必须满足两个功能：

1. 预防性的矫正功能，以避免累犯。
2. 惩罚性功能，通过安排某种修复性质的受苦，来弥补对被嘲弄的社会遭受的伤害。

然而，鉴于对囚犯的改造失败，福柯认为，监禁的作用首先是培养惯犯，让那些受司法系统支配的人任人宰割，正因为监狱构成了一种"犯罪学校"，给经常出入监狱的人打上了耻辱的烙印。在这方面，监狱作为一种边缘化[18]的技术，基本上是为了追求一些次要目标：强迫闲散人士重返工作岗位，迁移那些不受欢迎的人，为当局建立一个人手招聘库，对个人进行有目的的和永久的污名化。因此，监禁的作用根本不是镇压违法，而是使某些犯有不文明行为的人变得顺从，或以秩序的名义在准刑罚层面惩罚一系列（生活方式、言论类型、抗拒权力机关、不规范行为等方面的）扰乱滋事行为。

面对针对监狱的不断批判，福柯想知道，在一个以过度拘押不幸的人（穷人和移民）和将民众置于警察羁押制度下为特征的时代，可以采取哪些形式的监禁替代方案。[19] 考虑到"替代方案"既不能否定监狱的功能，也不能停止对犯法者的重新诱发和利用（对非法主义行为的区别对待正是基于这一点），他认为替代性刑罚保留了监禁的积极效果，切断了来自社会的谴责，尽管它可以消除监狱内部的危机。回顾下他在蒙特利尔的发言：以前的替代尝试基本遵循着监狱的逻辑（流放-殖民、建立专门的远征军团，如外籍军团），他认为，在安全原因-秩序至上的庇护下进行的刑罚调整是这种逻辑的延续。这就是为什么监禁的种种替代形式会"像癌症组织一样扩散到监狱的墙外"，[20] 扩散的是同一种权力形式。

现实性

显然，对于采取一些监禁的替代措施，福柯保持着某种悲观的看法。而他对替代性刑罚的进步性所持的保留意见，在内容上与他对精神病学非机构化之后会发生的事所持的看法是步调一致的：“然而，我们必须注意：反对精神病院概念的反精神病学运动，决不能导向使精神病学向机构外扩张，增加它在日常生活中的干预”[21]。他对刑罚领域的现实及其转变持批评态度，在 1976 年，监禁率和受司法控制的人数与现在相比相对较少的情况下，福柯就猜想警察将成为开放式监狱的看守。事实上，过去几十年来各地控制实践的发展倾向于扩大警察和司法权力的渗透，而不推崇象征性报复仪式（赦免程序）——后者实际上会减少受司法控制的人数。这种情况发生在一些社会正在收紧刑罚政策之时，它们将刑罚自动化，并将一些行为定为刑事犯罪，以应对民众对不文明行为（争吵、斗殴、威胁恐吓等）的敏感。因此，新的违法行为应运而生，一些曾经是轻微违法的行为也变成了应受拘押处罚的行为。[22]

在福柯蒙特利尔演讲四十多年后的今天，法国囚犯的人数与全球其他国家一样成倍增长（少数国家除外）。自第二次世界大战结束以来，囚犯人数一直在稳步增长，

21世纪的头十年，囚犯人数在美洲（不包括美国）增加了108%，在亚洲增加了29%，在非洲增加了15%，在大洋洲增加了59%，在巴西增加了115%，达到了50万，在土耳其增加了145%。此外，近几十年来，控制取保候审人的措施也在迅速增加。例如，在美国，20世纪70年代的监狱囚犯数量为20万，现在有230万人，再加之还有470万人处于各种缓刑措施控制之下。[23] 因此，认为扩大惩罚范围应该会导致监禁人数减少的想法是错误的。虽然替代性刑罚（缓期执行，考验期缓刑，吊销驾照，剥夺空间出入自由，软禁，为了工作或培训的半自由状态，强制接受治疗等）起到了制约短期监禁发展的作用，但它们并没有使刑罚本身减少。事实上，我们完全有理由相信，监禁的替代措施反而被用来增加拘押的时间，加重对某些罪行（交通肇事、拒付车费、家庭暴力、拖欠付款、偷漏走私、恐吓等）的惩罚，以及建立一个"软"监视架构。

替代措施与拘押的并置没有对监禁产生真正的威慑作用，增加受司法控制的人数并不能弥补一个因种族歧视、不平等和任意的判决而受批评的机构的缺陷，考虑到以上两点，似乎可以合理地认为，虽然这些措施针对的是监狱人满为患的棘手问题，这个问题却是由抓捕更多人的愿望造成的。

对于进步主义的立法者、犯罪学家和法学家来说，比如凡尔赛上诉法院分庭庭长（2012—2018）、"反萨科齐"法官塞尔吉·波尔泰利（他曾公开反对强化刑罚和强制最低刑的政策），在监狱人满为患的情况下使用替代监禁的刑罚，"既不是有利的措施，也不是宽容主义的迹象，而是对犯罪的最聪明的回应"，因为它们能够实施"强有力的限制，但也真正帮助社会再融入"[24]。波尔泰利赞同欧洲委员会部长委员会建议的精神，认为采用非监禁措施，让刑事被告人处于半自由制"对犯法者和社区都有真正的好处，因为犯法者能够继续行使他或她的选择和承担社会责任"[25]。因此，替代性刑罚是一种较轻的痛苦，因为它允许犯法者弥补其过错，而不必遭受拘押的折磨，因为相对于他们被指控的和他们被认定有罪的行为，拘押的惩罚过于严厉。替代性刑罚将是一种真正的进步。

如果说这些惩罚只针对对他人犯下过错的个人或本来能够采取其他行动的犯人而言的，那么替代性惩罚的论点就不会与福柯的观点相悖。然而，大多数西方国家在惩罚方面的趋势是，一方面，司法化那些犯下新的不可容忍违法行为的人[26]，另一方面，优先司法化那些社会弱势群体和受歧视的群体，这些人不会有足够的资金来履行"社会责任"，或受到警察的持续监视（面容检查，

52

身份检查，拦截搜查，拦截搜身）。事实上，支持替代的观点将温和的惩罚视为进步，但闭口不谈贯穿、组织和指导惩罚领域的托词和决定性因素。它没有考虑到，在狱外执行的拘押所造成的压迫持续和加剧了系统性的歧视，这种歧视是通过强加没有和监禁一干二净地割席的司法义务实施的。这样说，并不意味着替代性刑罚的支持者是种族主义和阶级主义者，而是说替代性惩罚的明显进步是一种幻景，对量刑的批判性和启发式审查可以揭示出这样的问题。法国以及美国的民族志调查、哲学思考和个人司法证词，前者如迪迪埃·法桑的《秩序的力量》，阿萨·特拉奥雷和若弗鲁瓦·德拉加内里的《阿达玛的战斗》，后者如艾丽斯·戈夫曼的《奔走》，帕特里斯·库勒斯的《当他们叫你恐怖分子时》和杰姬·王的《监狱资本主义》，都在讲述同一件事：歧视性的过度监视和政治选择导致少数种族群体被司法化，而执行这些政治选择的各种司法人员似乎都没有意识到这一点。

53　　然而，司法系统具有歧视性的事实是一个人尽皆知的秘密，无法不引起犯罪学领域的从业人员和观察者的关注。我们怎么能忽视这样一个事实：即对刑罚人群的筛选是从街头开始的——警察根据个人的外形对其进行貌相描述，而这一貌相将会一直跟随到不知羞耻地处理某类案件的检察官、诉讼代理人和指派律师的办公室？

今天，毫无疑问，犯法统计数据并不能解释政治、警察、司法和刑罚做法，相反，正是刑罚政策、警方实践和司法判决在统计数据中找到了迹象，"使一系列演变合法化，而决策者、立法者、警察和法官对这些演变负有主动权和责任"[27]，而在这个时代，打击轻微犯法和重罚某些类别的人似乎是正常的，对他们的怨恨即便没有公然表达，也依然存在。

在蒙特利尔的演讲中，福柯对替代性刑罚的后果表示了担忧：如果是警察的选择性做法生产了犯法者，那么施加替代性刑罚就加强了警察的权力，因为它给予了警察在司法程序之前对他们所控制的人进行监控的任务。在1977年接受法国卫星电视二台采访时，福柯阐明了他的担忧，他认为司法的真正任务是通过维持警察决定谁应该面临惩罚的资格，使警察能够发挥作用。[28] 从这点看来，警察以其牢不可破的话语权，似乎成了区别对待群众的关键角色，社会怨恨的展示载体。

54

回顾蒙特利尔演讲的意义在于，福柯清楚地看到了今天已经必然形成的一种趋势。

（柏颖婷　译）

"监控下的住宅"

——与托尼·费里[29]的谈话

采访人：西尔万·拉弗勒

　　在《监狱的"替代方案"》中，福柯预感到监狱有可能消亡并被其他惩罚措施取代，这些惩罚措施也把具监狱建筑的功能带入了社会中心。如果不进一步讨论这是否构成进步，人们可能会质疑：福柯到底是否支持废除监狱？

　　米歇尔·福柯确实从未明确表示支持废除监狱，他也从未肯定将刑罚机构从当代惩罚武器中删除的必要性，但实际上他的整个哲学，至少是围绕《规训与惩罚》和

1970 年代阐释的哲学思想，都不仅建立在对监狱及其基础意识形态的激进质疑之上，也建立在对监禁制度本身的摒弃之上。从这个角度看，我们有必要回顾福柯曾将监狱形容为"死亡机构"，他着重强调："监狱不是对死亡的替代，它本身就伴随着死亡。这个刑罚机构被认为应该执行法律，但却悬置了法律，一条核心线索贯穿着它：一旦跨入监狱大门，一切将由专制、恐吓、勒索、殴打来统治。监狱里的问题是生与死，而不是什么'矫正'。"

在获得这些信息与回顾之后，我们确实应该质疑福柯为什么没有明确或坚定地使用"废除"（abolition）这个词，或者他为什么没有公开投身于废除监狱运动。尽管他实际上也支持了这一运动，尤其是他与其它一些人建立了监狱信息小组，旨在让囚犯及其家属得以发声以及谴责囚犯日常遭遇的非人道监禁条件。

要回答这个问题首先我们可以设想，废除监狱或反监狱运动在某种程度上可能会落入圈套，他们要求用另一种惩罚模式去代替监禁模式，用一套意识形态去代替另一套意识形态，去接近权力而不是与权力保持距离。监狱的废除主义根本的问题是它有可能将其表达置于部分调整与重建刑罚的角度下，从而想要提出监禁的替代建议，而这些替代建议不仅是老调重弹，也无疑会重蹈现有系统的覆辙。简而言之，尽管废除主义的思考入木三分，其某些观点也足够激进，但它还是可以被指控为简单的改良主义观点、当权者的逻辑同谋、一种将预设的监禁替代方案强加于人的迫切姿态。如你们所知，我最近出版了一本主题很明确的书《废除监狱，不可或缺的刑罚改革》（巴黎，Libre et Solidaire 出版社 2018 年出版），我在书中尝试运用哲学家的双重职能：一方面是批判，另一方面是创造。根据批判职能，该书的第一部分复述并延展了一系列论据与事实，揭示了为废除主义者动机辩护的正当性与客观性。在第二部分，我根据创造职能的要求提出了一些变革的建议，即提交审议，这种处理被定罪者的模式与现有监禁模式完全不同，并将取代后者。如果我告诉你：那些对监狱的存在进行激烈批判的人、那些要求单纯而简单地消灭监狱的人，他们从未停止过对我的指责，你会不会感到惊讶？这是为什么呢？可能对他们来说，提建议这个行为本身，不论其内容是什么都像是某种走投无路的投射。因为根据激进废除的拥趸的说法，这个行为在他们眼里是一种权力的效果、一种决断者和空想家的行为、一种畏缩的姿态，它不仅不够激进，反而还在全面另起炉灶和追求绝对革新方面缺乏稳定目标。这种绝对重建的愿望以及对"白板"（*tabula rasa*）的渴求，福柯也用自己的方式阐述过：他坚持我们完全有理由"重新思考我们社会的一切受罚经济学"。必须承认,这是福柯号召革命性剧变的一种方式,因为从这样的视角来看,必须废除的不仅是监狱,而甚至是受罚经济学,也就是刑罚体制、现有法律,以及判决系统所依托的社会不平等。换言之,福柯可能并没有让他的思想步监狱废除主义的后尘,因为这对他来说似乎太过畏缩或软弱,他也尤其害怕看到这些行动被权力设陷或收归己用。

对于福柯在废除主义运动中形式上的不参与,还有一个论点可以提出,即行动与斗争。事实上,在让-保罗·萨特之后,福柯作为《言与文》的作者无疑也将第一重要性赋予了"实践"(praxis),也就是位于现实之中和他人之间的抗争实践。换言之,对于具体实现未来变革的可能性,福柯有时更愿意像存在主义领袖一样在街头、工厂、大学、法庭进行战斗,而不是满足于在大学或法兰西学院里闭门谋划一个既无效力也无信誉的新的观念体系或乌托邦,继而将其强加于人。因为他完全意识到:只有在现实之中,只有与众多人民运动团结在一起,只有在自发集结或反抗之时,才能够诞生一种前所未见的展望或完全不同的未来事物,才能够勾画一个从未被给定而有待建构的未来轮廓。简而言之,一种新型实践的框架是可能出现的,即使它无法被每个人立即感知,也无法对所有人来说都有清晰的定义。福柯似乎也同样怀有一种信念：对于意图推翻一种观念体系的制度及其派生机构的运动，如果它不是建立在另一种观念体系之上，而是作为社会斗争和人民群众行动的表现，那它就更有可能成功。因此在这一点上，福柯看起来与萨特及其实践哲学相一致。有关于此，萨特这位存在主义哲学家曾与精神病学家佛朗哥·巴萨利亚有一场著名讨论，涉及反精神病学运动的具体实施与废除精神病院问题。萨特指出："我认为，如果人们只限于考虑这些机构［精神病院、监狱］的否定方面，认为那是这些机构与生俱来的、普遍存在的情况，并且只限于去考虑这一否定本身，限于考虑这种否定的强化，那就完全不需要搞乌托邦。人们抨击实践科学，人们抨击这些机构，但并不去说之后会发生什么。简单地说，人们并没有被给予想要的，也绝不会被给予想要的东西。这样可能会更好［……］。在我看来，这就是到达某些目标的途径。"他还补充说："正是在实践当中，人们找到了在不久的将来能够成为新观念体系迹象的要素。"

监狱的"替代方案"是什么？在 1976 年的讲座上，它们以人道化监禁（模范监狱）和社区服刑的形式被介绍。可以具体讲一讲吗？

60

监狱作为一种前所未见的惩罚技术，在 18 世纪末 19 世纪初出现并得到历史性发展。我认为，如果要深入理解监狱诞生的问题，就必须对照福柯关于自由主义经济学的突飞猛进以及劳动对个体的改正方式的思考。根据他的研究，监狱的初始概念主要建立于以下愿望之上：用劳动来进行社会再融入与预防犯罪。事实上我们从福柯的思想中可以了解到：自由主义中，劳动的增值服务的目的不仅是推进创造力、企业创业或是通过职业训练获得发展的希望，而也是为了更悄无声息地将主体配置于场所、工具和工作，以便更好地控制他们的移动、活动与周边空间，使他们依附于某一个需要完成的工作量，在一个特殊框架里循规蹈矩而趋于稳定。这就是福柯思想的主要命题：规训制度和"身体的网格化控制"的突飞猛进，它发生于自由主义之中且由自由主义导致。

然而在当前的经济学之中，从更实践的观点看，一方面是职业或培训活动，另一方面是收容住宿，两者构成了对轻微和中等犯法的社会再融入和预防再犯的两个中心极点（如果我可以这么说的话），因为在很大程度上，这两个极点或载体对应于个人阶层和职业、社会经济秩序的等级，也对应于作为个人稳定和价值源泉的物质基础。应该要注意到，那些长期服刑的囚犯不得不重新学习所有或几乎所有技能，关于这个问题我记得一桩轶事：

61

有一个在退休之年被判多年监禁的人，在出狱后花了一年的努力终于能够独自乘坐公交车，而他对此感到自豪。更普遍而言，要注意到这些人必须要重新学习如何洗刷社会学家欧文·戈夫曼所说的监禁的"污名"，一个人在身陷囹圄一段时间后不可能毫发无伤地出去，他被监禁的时间有多长，这种情况就有多真实。如果劳动和收容住宿是成功而良好地再融入社会的必要条件，那么在缺乏全面和多方位陪伴练习的情况下，它们依然远远不足以让囚犯重新适应社会。

有必要强调一下囚犯也有不同的类型。如果五年监禁已经是严重后果，那么十年或二十年监禁则会在身心层面产生长期或难以估量的影响，更不用说难免的对家庭生活、人际或社会生活、情感生活、性生活、职业生活的无止境牵连。

事实过目难忘，我们观察到囚犯在狱中通常会首先遭受一种被家庭、亲友、伴侣、孩子抛弃的感觉，对自己没有信心，有时会惧怕外界或重新适应社会的问题——比如面对货币变化或面对科技革新速度之快。他们也有可能遭受由监禁直接引发的生理学上的或身体上的错乱，比如由于监狱高墙遮挡地平线而导致的视觉错乱。另外一个问题是他们需要重新学习如何在街上行走，以及面对时空参照的丧失，因为很多囚犯，尤其是那些刑期较长的囚犯总是会问今天是什么日子，还同时觉得自己毫无用处或沦为社会败类，以及认为自己因为犯罪记录和"囚犯"的标签而信誉扫地。最后一个问题是弗拉基米尔·扬科列维奇所说的"未来性及其希望维度的毁灭"。我认识一些长期服刑的囚犯，他们非常渴望在出狱后能够回到曾经生活的地方，或与多年来杳无音讯的亲友或家庭成员逐渐重建联系。这就是为什么在术语上我更倾向于使用"再融入"（réinsertion）或"再社会化"（resocialisation）这些词，即使对于刑期很长的重刑犯也是如此，尽管围绕这一使用可能会有争论。本质原因是

63 我认为一个人即使在存在路径中被缺席或解构，也必然有一段历史、一段社会组织中的印记、一段生活记录。总之，没有一个个体不依附于现实世界，也没有一个个体无权在社会集体中找到属于自己的位置。另一方面我想补充，当我们近距离了解那些被监禁者时，我们就会意识到各种因素，尤其是社会因素在多大程度上决定或影响了这些人的生活选择。"再融入"或"再社会化"这些词意味着这些人有一段过往、一个立足点，不论在现实中是多么不稳定、不典型，他们都并非无本之木，"从零开始"（ex nihilo）在这里就是个圈套。如果我可以这么说的话：所有的开端中都已有开端，譬如家庭或教育的遗产。

对福柯而言，从更哲学而非实践的层面来看，监狱的问题不仅在于其意识形态，更在于其存在本身，以及它的外化过程——我们已经目击了这个过程。这个观点在 1976 年魁北克的讲座上得到了明确的阐述。通过外化，非传统拘押的其他监狱形式得到大规模发展，监狱可以说向外"爆炸"（s'éclate）并散布到了自由生活之中。福柯对此援引了监禁判决附带缓刑的出现作为案例，其不论是否带有考验期都是一种狱外禁闭的执行手段。在这个意义上，缓刑作为监狱在开放环境的一种输出而出现，就像在开放空间里建立起了拘押。作为《规训与惩罚》的作者，对福柯来说，在自由环境中刑罚性地宣判并执行的义务和禁令，标志着像"逮捕"技术这样的监禁机制向公共空间放逐的趋势，因为只有以这些义务和禁令的名义，那些监禁的替代措施才有可能得到部署实施。普遍而言，应该要去理解监控在普通监狱墙外的转移和寄生手段，它们内含于"替代"且由"替代"造成，它们决定了在开放环境中与监狱有共同外延的这个东西独有的特质。 ⁶⁴

在涉及特殊术语的使用问题上，我通常会在具体情境下使用"包容"（inclusion）和"排斥"（exclusion）这两个词，这是因为我觉得对开放环境中的刑罚使用前者、对监禁措施使用后者是恰当的，这样做也是为了在实践中更好地从概念上进行区分，更好地描述惩罚或监视的执行地点的区别。因此对我而言，如果"排斥"反映了监狱的隔离和切割特质，反映了将人流放到监狱的"反世界"的行为，以及去社会化的诸多后果；"包容"则更多是在于实施对人群的普遍化监控，或是在同样的群体的中心控制个体，将人置于电子监控之下就是这种控制的一个强有力的形态。在这种情况下，包容性惩罚是牺牲性的而不是隔离性的，因为它会引导个体认同乃至参与到其判决的良好执行中。显然，被电子监控的人需要同意在身体上持久地佩戴电子脚镣，也就是让自己成为监控的载体。然而，如果说这两个概念的对立在思想上具有启发性和操作性，那么在实践领域中这种对立则会减弱：包容和排斥被观察到不同程度的混合并不稀奇，比如囚犯会认同或配合其监禁刑罚到害怕出狱那天到来的地步，而电子脚镣的佩戴者也会经历触及社交和家庭生活的紧张氛围或一系列深刻裂痕，譬如当伴侣提醒狱外执行犯遵守按时报到的要求之时，或是询问他延误报到的原因之时，就总是充当了管控或监视的一个环节。

福柯注意到：监禁的替代措施就构成了一类工具，它们用于延迟和衍射禁闭、把禁闭和监狱以外环境的嫁接起来，以及创造一种混合刑罚。因而在他看来，对大部分个体和空间而言，这些工具的用处都在于保障并扩大适当分配给监狱的监禁功能。要理解这个问题，一定不能忽略福柯对社会的解读，即我们的社会在很多情况下是特别规训的，也就是说社会的首要目标是思想与行为的规范化，这在福柯看来，意味着要在社区中并尽可能贴近身体地大量实施与发展改正、惩罚和强制的技术，以便产生各种转化、约束和顺服。

需要注意的是，如果我们把囚犯看作我们所说的"欠债者"，那么他就是对社会负有债务，而偿还债务的方式则是被逮捕、货币化，后者是以捐献本人或不如说是提供生命时间的形式实现的，等于说刑罚机构以社会全体名义对囚犯判决，而囚犯欠了刑罚机构一定量的时间（也就是著名的刑"期"*），因此以禁锢在改正设施中的方式来偿还债务。在福柯看来，这正是传统规范化机构（监狱、学校、兵营、工厂等等）的特性。对于那些在刑罚机构外部的开放环境中被监视的犯人来说，情况也没有什么不同。实际上，一个处在缓刑期的犯人，在法国被称为缓刑犯（probationnaire），由惩戒系统的再融入与缓刑部门负责。他们被一切义务、禁令以及旨在确保他们受控的诸多措施约束着，一样是必须要还自己的债。

---

* "期"原文为 quantum（de la peine），在法国的刑法中不仅可以指徒刑的持续时间，更广泛地也指判决裁定的轻重程度，它会根据违法行为的数量和违反者是否累犯而变化。——编注

所以他们也同样是被固定、拘押、依附于一种参数化和空间化的监控，他们必须要证明自己。缓刑只是拘押在自由生活中的延伸而已，因为它使罪犯同意限制自己的自由权利，削减自己的自由行动范围，放弃基本权利——比如旅行权、与人自由交往的权利、隐私权——的行使。

　　1976 年以来，被监禁的人数在增多，被司法控制的人数也在增多，福柯认为监狱有可能终结的预感是错误的，但他关于"无处不在"的监狱，以及社会组织的超监禁/超监控的看法却似乎很正确。你怎么看？

　　福柯在 1976 年讲座上将监禁的替代形式定义为一种疾病或恶性肿瘤在社会群体中扩散的症状、"一种监狱墙外的癌变组织形态"。在他看来，一切都在表明：这堪称是一种给整个社会打惩罚点滴的方式，是一种通过注射所谓安全、福利、控制的疫苗将整个社会轻罪化或司法化，目的在于借此对抗非法主义行为与处置社会混乱。

　　总的来说，旧式监狱机构被替换成——或更确切地说是被归附于普遍化的监控机制，因为你说得很对，在福柯那次内容丰富的讲座之后的这段时间里，监狱不仅没有消失反而被强化了。对于这种情况，我在著作里有时称其为"超级监控",有时称其为"刑罚泛托邦",主要是为了一方面形容它扩散到了社会的所有犄角旮旯,另一方面则形容这种社会衰退、对未来和他人丧失信任,以及它们导致的人际关系的贫瘠化。至于福柯,他则在讲座里明确提出了"监狱超权力"（sur-pouvoircarcéral）的概念,以强调自由环境正在归附于监狱,就好像监狱正在逐渐覆盖自由环境。

68

随着监狱替代措施的出现,我们是否可以说这是刑罚进步的开端,并得出传统监狱模式将被抛弃的结论?此次讲座之后,在监狱替代方案的实施过程中,福柯既没有看到更好的也没有看到更坏的事情,所以刑罚既没有改善也没有恶化,而只是维持现状,或者说只是刑罚秩序的一种反复,就好比换汤不换药,不论如何也只是监狱形式的一个延伸。唯一的不同在他看来,是一种延伸,其特点在于运作的灵活性或弹性。也就是说首先它对我们西方社会的技术、人口、伦理演变的适应性,其次是它的"液态"（liquidité）,也就是社会学家齐格蒙·鲍曼在"液态世界"（monde liquide）这个表述中归纳的意思,他以此来形容社会关系恶化以及排斥他人的机制。按照福柯的观点,归根结底,替代措施与传统监狱"一直是同一主题的变奏",前者只是后者的"反复"。

电子监控已经成为这些监禁替代措施的
一分子了。它到底是什么？为什么要反对它？

　　电子监控起源于美洲大陆，在法国，它出自 1997 年
12 月 19 日第 97-1159 号法律，[*] 被称为"电子监控留置"。
立法者希望开创一个在监狱机构之外执行监禁刑的新模
式，而电子监控留置就诞生于这个愿望。这一模式使得
受刑人有义务在自己或一位家庭成员的家中，或甚至是
在一个不属于惩戒管理部门的收容住宿地点执行监禁
刑，因此意味着受刑人要认同这个措施，其特点是即使
在监狱外凭入狱证留置也是必要的。长期以来这个措施
只适用于被判处两年或以下监禁的人，前提是受刑人不
是累犯，此外当犯人的刑期或余刑为一年时，它也作为
刑罚调整适用。[†] 因此这一措施首先针对的是轻微和中等
犯法，更进一步而言则是针对大多数罪犯。需要注意法
国的 2019 年 3 月 23 日法律[‡] 已于 2020 年 3 月 24 日施

69

----

[*]　全称《1997 年 12 月 19 日第 97-1159 号认可电子监控留置作为剥夺
自由刑执行方式法》。法国法律常以其颁布日期作为简称。

[†]　除了电子监控留置，其他的刑罚调整机制还包括假释、基于医疗
原因的缓刑、半自由制（semi-liberté）及监狱外留置等，参见法国司
法部网站（2021 年 5 月 9 日访问）http://www.justice.gouv.fr/prison-et-
reinsertion-10036/la-vie-en-detention-10039/les-amenagements-de-
peine-12003.html。——编注

[‡]　全称《2019 年 3 月 23 日第 2019-222 号 2018-2022 年规划暨司法改
革法》。

行生效，而电子监控留置在这部法律里被更名为"电子监控居家拘押"，只有应服或剩余刑期不超过一年的罪犯才有资格适用。随着年份的推移，这个独特的措施也发生了显著的变化，虽然它仍然主要作为刑罚调整的机制而使用，但我们现在也可以将其用作判决前的实施措施，对被告进行约束，让他们在必要情况下配合司法控制。然而这些被告还没有被判决，也就是法律上推定是无罪的，因此措施会以"电子监控指定居住"的方式实施。此外，随着安全措施的创新与发展，镇压性司法武器中也出现了对个体移动的监控机制，其中"移动电子监控留置"形式适用于判决后，"移动电子监控指定居住"形式适用于判决前。这些机制都有各自的特点，也尤其不应该像很多脱离刑罚实践的研究者那样，笨拙地将它们混淆。如果你愿意的话，我就不细说他们的对比和异同了，但我将从原则和实践层面尽力提醒你电子监控制度的暗礁、绊脚石以及隐藏的另一面。事实是触目惊心的，刑事电子监控作为一种根据禁足时间段将罪犯固定约束在家中或收容住宿场所的普遍机制，在涉及基本权利的遵守、人道尊严的尊重、惩罚性建筑的配套等方面，以及交往、人际、社会关系的方面，都存在严重问题。开门见山，我们有必要指出电子监控造成的后果，尤其是：

70

　　将一种封闭的维度引入开放空间之中，使监禁行为成为自由生活的共同外延；

将一个不可让与的场所，如处于一系列基本权利和民事权利条文保护下的住宅，变成了一个刑罚的执行空间、一种监狱、一个痛苦的居所，废除了公领域与私领域、犯法与非犯法的习惯界限。将个人领域转变成刑罚机构的分支；

以刑罚调整为借口，允许刑罚机构僭取额外权利，以便24小时全天候侵入受刑人的住宅（domus）及其身体，允许刑罚机构在个人住宅内部与私生活之中摧毁受刑人的隐私权维度；

对电子脚镣佩戴者的判断力、兴趣、历时性、性情产生了持久性影响；在必要时潜移默化地、通过产生日常的本能压力影响了他们的健康状态，这种影响也会在职业活动与家庭生活方面奏效；挑唆受刑人与伴侣或家庭成员之间争吵，加深其关系裂痕，因为当他们责怪受刑人延误报到或切断警报器之时就参与到了监控体制当中；通过将痛苦藏匿到视线之外、受刑人的生活内部，否认或掩盖了这些场所的痛苦。

在简单的规范化动作之外，还对被置于监控设备之下的人产生了去人格化、去主体化、去自主化的效应；

以本质上刻板的、无形的、数据的、循环的、算法的交换作为索引，形成了一个机械和技术的框架，替代那些在情理上前途无量，且由人道和教育援助支持的许多方案；

声称探求主体性的客体化、时间性的空间化、感性精神的几何化、存在感的测量或量化，也就是说对个体经验的程序化，对生命绵延（如伯格森*所言）的同质化，将内在生命压缩为钟表式的平庸自动性；让质性的存在屈服于一个指令的、演算的、可追踪的系统，这个系统还是由其他事物来操作的，即一个外部的控制与监测机构，这种屈服如同一种异化体验；将主体性同化为千篇一律的日期更替，将生命贬低到输入与输出的"演算"层级后同化为机械的重复；

通过颠倒结构（机构、空间）和状态（情感、心理、人际关系的维度）之间的实体建筑关系来重构监狱的高墙，因为如果从严格意义上来看，禁闭的感觉（状态）来自围墙（结构）中的幽禁，显而易见，在开放环境中，被电子监控拘押在家、屈服和听命于一个可追踪的限制（即反射于情感中的日常被监视和必须时常报到的感觉），导致监狱高墙在受刑人内心和身边的重现（结构）；

通过给受刑人的行动空间设置参数、对其外出时间精确计时，向他施加一套持久的指手画脚、一次毁灭性

---

* 亨利·柏格森（1859—1941），法国哲学家，曾获 1927 年诺贝尔文学奖。"绵延"（durée）是其哲学思想中的重要概念。

的窒息、一种不为人察觉或注视的越界、一种出现在他不该出现之地或来得不是时候的感觉、一种处于终日停滞状态与空洞、无意义的速度之下的存在；

粉碎了以下基本区别：内部与外部之间（因为现在"在家里监禁"和"监狱在家里"成了一回事）的基本区别，相对空间与绝对空间之间的基本区别、美学（词源学意义上的主体的感知）*与本体论（存在的物质和环境条件的意义上）之间的基本区别。这是因为："结构与状态、状态与结构之间始终存在部分重叠，这有助于模糊监狱的内部和电子监控留置的外部之间的界限。由于监狱建筑的庞大和周围环境的空旷，囚犯最终会养成一些毫无意义的习惯，将注意力集中于某些无足轻重的时刻或物体，比如因噪音而紧张、因吃饭而困扰〔……〕相反，由于持续不断的活动、压力和时间的加速，被电子监控者的注意力则会趋向于消散于环境、消散于周围、逐渐消散于他在超级监控网络中的沉浸式体验里。电子脚镣佩戴者需要自己监视自己，并将自己的脚步限制在由自己重构的监狱形态内部，这就是他们的生存条件和心理状态。在监狱里，由于'失去'了世界，被拘押者只能感

---

* 此处的"美学"原文为 esthétique，"感知"原文为 aisthesis。aisthesis 自古希腊以来意义发生过多次转变，最初不仅围绕美与艺术的问题，也参与知觉、知识论及本体论问题，到启蒙时代 aisthesis 被收归到美学的概念下，指对美的研究。——编注

受到一种空虚的自我；而在电子监控之下，由于其忙碌、分心或遗忘自我，电子脚镣的佩戴者会则感到他面前只有一个贫瘠的世界"；

将一种开放环境中自我监禁的新形式与封闭环境中的传统监禁相结合，将监狱现实的范围扩大到了社会共同体，将可以光速传播、传遍无限的空间、穿透最坚硬的材料的监控电磁波活动与刑罚高墙这座墓穴联系了起来，具有倾向性地造成了土地居所和房屋居所变成公共居所，因此也就渐进式地监禁了整个社会，"以至于现在已经越来越难以区分为犯法者'打造'的监控属性以及为监控'打造'的公民品质"。

　　区别化管理非法主义行为是福柯思想中的一个中心命题，它将《规训与惩罚》（1975）和关于监狱替代方案的讲座（1976）联系起来，并且成为福柯谴责刑罚国家的基础。可以讲一讲相关内容吗？

福柯思想中关于非法主义行为的根本问题是监狱是否必然会消亡，抑或反之，监狱是否将会被其他刑罚形式控制或引导。为了回答这个问题，福柯借此次讲座之机先提出了一个有待理解的基础问题：监狱在法国大革命末期建立，就算在试行后的最初几年里遭受了激烈批判，它仍然作为犹如刑罚女王般的主要刑罚机构而长期存续至今。这个悖论要如何解释？除了它的粗糙，除了它在预防再犯和保卫社会方面铩羽而归之外，监狱就没有什么用处了吗？福柯在研究中提出了一个假说：与政治、司法、传媒秩序操作展示和传播的形象——监狱希望中止犯法——相反，它最终是为了维持犯法；监狱作为刑罚政策的表现而声称有责任镇压犯法和犯罪、消灭违法隐患，但它最终是为了助长非法行为。他的这个假说极具颠覆性，甚至骇人听闻，因为它指控刑罚政策从根源上制造了犯法、使刑事判决倍增，以便从中获取渔翁之利：事实上，刑罚政策远远不止形成了一套旨在与非法行为斗争的规则与实践，也远远不止满足于预防和镇压违法，与此同时，它首先还是帮助施行权力的理想工具、是规范的发展、是强制的内化。换言之，福柯提出了质疑：在保障总体利益的外衣下，刑罚政策真的没有服务于当前的权力形式和现有权力的存续吗？根据这个思想框架，刑事惩罚本质上并非固定不变地致力于根除违法行为或保卫社会安宁，而是为了保障有利于某些人而有害于另一些人的社会组织与运行，为了制定与接受破坏自由的法律，为了利用对犯罪的恐慌使公共舆论赞成动用严厉的治安、警察和限制手段——这些手段会危及个人基本权利的行使，为了制造自我监视效应并使个人态度向着全面规范化而演变，而这些都是权力施行的结果。在这里，监狱前所未有地、代表性地成了非法主义行为的制度工厂，也就是说，监狱至少同时成了支持犯法与拉开新型社会控制序幕的条件与场所。

当前的刑罚合理性是以替代性刑罚的倍增为标志的，我们可以认为它充满了一种阿兰·布罗萨[*, 30]所说的"免疫理性"吗？

我们可以从今天的"免疫感性"及其产生的"刑罚理性"出发，思考监狱机构的状态、演变、特征和特定时刻。监狱的诞生是不是标志了乃至证明了我们西方社会意味深长的进步？在诺伯特·埃利亚斯[†]所说的"文明进步"和"公序良俗"的发展当中，如何理解现有的监狱惩罚模式？为了给这些问题带来一些思考线索，免疫感性这一概念可能确实有启发性的帮助。这一概念贯穿了阿兰·布罗萨的作品，所以我很乐意在这里引用。但首先我们要问：什么是免疫感性？免疫感性应该被理解为一个新阶段的出现与发展，它建立在自愿免疫特性的出

77

---

[*] 阿兰·布罗萨（1946— ），法国哲学家，巴黎第八大学哲学教授。

[†] 诺伯特·埃利亚斯（1897—1990），德国社会学家。

现之上，存在于当代人关于政治和道德境况的感性、情感和凝视的建构中。在刑罚学和犯罪学领域当中，这种感性体现于，监狱在公共舆论和政治家那里特别受欢迎，因为监狱与死刑、旧时的酷刑以及一切类型的流血相比，被认为更加尊重人权、更符合个人尊严的维护，并且显然是更好的待遇。以免疫的名义，监狱不乏对制度规划的发展与巩固，因为它似乎更符合当今对伦理与保护的期待与关切，也因为对于受过良好教育的人来说它看起来是政治上与社会上的"更高品味"，简而言之是因为它似乎表现出了一种文明的进步。这种免疫感性的显现还有另一重关怀，即人们觉得它同时为我们赋予了良知，因为在我们这个（至少是形象上）获得人权人道主义提升的民主社会里，死刑已被废除，肉体上和羞辱性的痛苦（例如鞭刑）在当代惩罚权力经济学中也明显衰弱，所以我们比前人和他人有着所谓更优秀的做法。

这一免疫机制保证了我们无可指摘的良知和声誉，而不必指出正确的问题或近距离地看到刑罚机构里实际发生的事情，它保护我们免遭道德煽动者和伪君子的伤害。而它的严重弊端在于它阻碍我们观察到监狱处境的另一面，以及它不仅僵化了我们的分析思维，还使我们接受和加强了现有系统。为了指出历史上不同惩罚设施可能的交汇点，为了理解一种相同者的轮回或完全有限的差异如何在惩罚方式之中体现，我经常会使用一个类比：电子监控之于监狱就犹如监狱之于死刑。尽管我们都为废除死刑而欢呼雀跃，但为刑罚而生的监狱是否能向着更多道德、更少痛苦的方向迈出决定性的文明一步，则难以定论。并不是说监禁刑对人体和我们仁慈的眼睛来说更"干净"、在脆弱而伪善的情感场景中少了一丝血腥，它就因此完全没有伴随着临终权力的附带物，属于旧世界的高级蒙昧主义残留气息，以及一种越是干净和矫饰就越令人担忧的落后功能了。在已出版的一段与阿兰·布罗萨对话中，对于这一点有如下的表述："与刑罚监狱同时代的人把监狱当成一切刑罚的出路和天然凝固点，他们不理解我们社会中的一种关系，即建立在现代主体的免疫条件和这个我们无法摆脱的所谓'监狱中心主义'之间的关系。他们不理解'完全自然地'建立于一般感性制度和刑罚监狱之间的一致或重合。在一般感性制度中，对激烈暴力形式和惨烈肉刑（身体虐待和流血）越来越强的厌恶已经占据了优势；而作为流放场所和惩罚空间，刑罚监狱不会对身体进行公然伤害，从而照顾到了这些感性。[……]这种'前定和谐'被不知不觉、偷偷摸摸地强加到了刑罚监狱和在我们的民主里占优势的一般免疫条件之间——这正是我们应该不懈去努力解构的。"他还补充道："刑罚监狱所'照顾'的既

79

不是那些被流放的身体，也不是一般意义上的犯人，而是免疫的公众拥有的感性，觉得可以一边酣睡不醒一边说着惩罚设施和刑罚'在我们社会'都不会肉眼可见地损害身体、都摆脱了野蛮待遇轨道，这些野蛮待遇包括了流血（如圣战者的割喉）、严刑拷打（如阿布格莱布监狱*）、拘留营中的恐吓和灭绝（从关塔那摩†到劳改）等等。"但是对我来说，阿兰·布罗萨关于这个主题指出的最关键的一点是所谓"分心"的问题，这个词在这里不是娱乐的意思‡，而是心不在焉的意思，是一种勉强过得去的漫不经心姿态："显而易见，这一妥协建立在这个完全特殊（与时代性）的集体谎言形式上——它被称为分心：有些事物必然会与构成一个'文明人'的要素产生激烈碰撞，而当个人或社会主体对这些事物避而不见之时，他也就陷入一种无止境的分心。第二次世界大战时法国人对于犹太人遭遇的境况就存在过集体分心，这一经验让我们看到一种确实无止境的消极特质。我们今天面对淹死在地中海的移民之时也如出一辙。我们清楚

---

*　阿布格莱布（Abou Ghraib）监狱，即伊拉克巴格达中央监狱，2003年伊拉克战争爆发后被美军用于关押伊拉克战俘，并发生一系列严重虐囚事件。

†　关塔那摩（Guantanamo），位于古巴的美国军事基地，美军在此设有拘留营，主要用于拘押战俘且不受《日内瓦公约》约束，因虐囚丑闻而臭名昭著。

‡　分心（distraction）在法语中也有娱乐消遣的意思。

地知道什么是我们坚决不想知道的东西（这就是分心），我们不想知道这些'悲剧'是一种政治的后果，它是今天欧洲各国政府政治的后果。我们都清楚见危不救是一项犯法（或说重罪?）*，但是在现在，见危不救已经被包括执政者在内的人大规模地实践，于是它就在黑巫术中摇身一变成了从国家利益出发的政治预防措施。"他将分心与监狱联系起来，来总结分心的后果："今天我们与监狱的关系也是如此，只有持续分心的体制才能让任何一种免疫民主找到与其'价值'以及与它试图代表的'文明'生活准则兼容的持续。人们知道拘禁是痛苦的、长期拘禁是毁灭性的；人们对那些被判处无穷刑期的人有所耳闻，那些人与其说是持续身陷囹圄，倒不如说是以'人道'的名义被处死；人们不会不知道在法国的监狱里（和全世界大多数监狱一样）囚犯会被强奸、殴打、勒索；众所周知很多囚犯都与老鼠和蟑螂生活在一起，冬天瑟瑟发抖，夏天酷热难当；众所周知囚犯只能在亲密会客之时、在毫无尊严的条件下做爱，别无选择；众所周知所有的这些和其他的一切，它们证明了监狱之于社会生活就犹如废铁之于汽车工业。但只要当鲜血不再横流，

81

----

* 法国《刑法典》第 223 条第 6 款：在不危及自身或第三方的情况下，任何可立即制止侵犯人身权利的轻重犯罪行为，但故意放弃制止者，处 5 年监禁并科罚金 75000 欧元。

当酷刑不再常规，当断头台不再摆在监狱院子里，就算对这一切心知肚明又如何呢？"

你对"阻止新冠"[31]法律草案怎么看？

新冠病毒（COVID-19）*流行所暴露的问题，还有我们的执政者对它的应对处理方式，通过大量轨迹追踪和地理定位这类设施，说明了接受和应用的最佳条件。在这一点上，吉尔·德勒兹和福柯解释说普遍化监控几乎不可察觉地安置在了我们社会之中，这正是它的突出特点之一，它来自社会集体大部分成员对这场大规模强迫的主动或被动参与。也就是说，要利用经过强化的、全面的监控机器对人的日常生活进行殖民，其最佳手段不只是怂恿人们的认可，而且还要激发他们的积极贡献。出于这一目的，利用"死亡恐惧"就成了非常有效的权力策略。

正如你们所知，现代政治学之父尼科洛·马基雅维里很好地揭示了人类情感在统治、操纵、驯服众人的能力中占据的位置和扮演的角色，在这里，死亡恐惧显然占据了关键位置（在拉·波埃西、蒙田、霍布斯和福柯的

---

* 原文如此。COVID-19 实际上仅指新冠病毒导致的疾病，而新冠病毒本身的正式名称为 SARS-CoV-2。

学说中也是如此），以至于它拥有一种特性：如同马基雅维里所说的那样，让比驴更桀骜不驯的人变得唯唯诺诺*，让所有的愿望趋向扁平，让最激烈的冤家握手言和。在《君主论》中一些露骨的段落里，马基雅维里的那些分析并非虚构，而是来自对有效统治技术细致入微的观察以及他与君主的交往。在《利维坦》中，托马斯·霍布斯坚持认为，对死亡的恐惧和对安逸的追求正是能使人更加顺从的主要情感，不论其代价几何。

我们当然应该对这个所谓的危机保持谨慎（这是古老的谨慎原则的必然要求），但那些我们在书里认识的"伟大"哲学家却根据他们的经验与智慧提出主张：面对正在发生的不幸事件，保持批判性思考同样重要，尽管这些思考可能令人不悦或恐慌。有些人猜测权威媒体与政治当局可能往往齐头并进，那我们应该如何看待他们应对这场特殊病毒危机的管理？除了经济影响（或那₈₃些被选择摆在前台来制造话题的事情）之外，难道我们不能认为当社会反应太迟、未能未雨绸缪之时，它将会在政治和社会事务上产生决定性的甚至尖锐的后果，即很有可能导致超级监控技术的强化、导致以神圣不可侵犯的（每个人都认为有益的）紧急状态为幌子建立起持久损害自由的新设施、导致劳动权利进一步恶化等等此

---

* "唯唯诺诺"法语原文 ânonner 一词来源于小驴（ânon）。

类情况吗？因为，我们的健康要求我们把监狱的痛苦隐藏起来，在此之后很可能乌云将要笼罩天空，而我们已经看到远处的闪电预示风暴的来临。就如一位老朋友用调侃的语气对我说的那样，我们在经历禁足（con-finés）之后恐怕有可能都成为蠢货（con-finis）。*

在法国，那些对医护人员的恭维之辞并不能掩盖一个事实：同样是这些医护人员，在抗议退休金制度改革的示威中曾遭受催泪弹袭击和警棍殴打†。问题症结往往在于权力的利益，这种利益由同质的机制产生，会根据时机和需求而调整。对于这个问题霍布斯也有所分析，在前文提及的同一份文本中，他指出在政治领域中（被视为智慧的）口才和（被视为善意的）恭维是用来博取众人信任和顺从的古老统治技术。

诚然，这只是对似乎或可能等待着我们的结果的一个疑问。所以我们要保卫自己，是的，不要让我们落入圈套。如我们所知，人类政治的历史中这些圈套比比皆是。面对哲学家吉尔·德勒兹所说的"控制社会"的演

84

---

* 禁足（confiner/confinement）一词在法语中原指禁闭，新冠疫情期间法国政府一度要求所有居民强制隔离在家中或有限活动范围内，并援引此词称呼这一防疫政策。Con-fini 一词取其谐音，有"没救的蠢货"之意。
† 法国政府于 2019 年推出退休金制度改革计划，被认为损害劳工权益，并引发旷日持久的大罢工运动，医护界工作者也参与其中，其间多次示威游行以警察武力镇压收场。

变，面对这些演变逐渐损害个人基本自由（类似制度与社会层面上的腐蚀现象），我们必须如履薄冰。在当下，死亡成了一种能让最勇者感到恐惧的禁忌，死亡的降临能让理智沦丧，或许我们所有人都有必要尝试把自己从这种与生俱来的死亡恐惧中解放出来一丁点，并从古希腊罗马哲学中汲取一些振聋发聩的教诲*。

作为总结，请允许我在下面引用霍布斯这位前述英国哲学家的文本供你们再次阅读，我常常喜欢重读与思考这段文字：

> 对权利、平等、法律、正义的起源及原始结构的无知，导致人们把习惯和先例当作他们的行为准则，以至于他们认为当一件事按照习惯应该惩罚时，这件事就是不正义的；而当一件事在先例中不被惩罚或得到人们称赞时，这件事就是正义的［……］他们就像孩子一样，除了从父母和师长那里得到的纠正以外，不知道其他的好坏行为准则。与孩子们不断坚持他们的准则不同，大人们并不这么做，因为他们变得强大而顽固。他们一会儿从习惯讲

* 古希腊罗马哲学中往往以较为淡漠或积极的态度看待死亡，如以德谟克利特为代表的原子论者和以塞涅卡为代表的斯多葛学派。——译注加编注

到理性，一会儿从理性讲到习惯，只要能为自己服务就行。当利益需要时，他们会抛弃习惯；当理性与他们冲突时，他们也会与理性斗争。[32]

（吴樾　译）

"什么是非法主义?"
——与安东尼·阿密塞尔[33] 的谈话

采访人:西尔万·拉弗勒

尽管福柯不是任何学科之父,但他的思想
却被许多学科引用:政治科学、传播学、社会
工作、性学、法学、心理学等等。福柯在理论、
观念体系、知识论层面对犯罪学有什么贡献?

他的贡献是多方面的。第一个贡献与"工具箱"隐
喻相关,也就是他促使人们在其自己塑造的众多概念中
进行挑选,尽管人们有可能只是调用这些概念而不关注
其所属的思想链条。在理论层面,他提供了一些能够对
特定领域进行原创性阐释的思想。在犯罪学中,他的思

想主要使人们可以质疑犯法与非法行为的概念。

在观念体系层面，正如蒙特利尔大学犯罪学学院创建者德尼·绍博在论文中所强调的那样，福柯时常被认为是在观念上制造分歧的人。例如批判犯罪学的支持者指出，司法更多地还是针对那些来自底层阶级的人而不是金融或政治精英，他们希望司法权杖能够翻转。然而对福柯来说，要做的并不是翻转它而是打破它。这方面的观念为支持废除刑罚制度的研究者提供了支撑。

在知识论层面，他的贡献与研究犯罪及其控制的方法有关。应该了解到这门学科对罪犯的执着更甚于犯罪。这就是为什么我们会看到大量研究涉及犯罪途径、犯罪行为，这些研究使犯法成为一种实体和本质。通过强调对违反行为进行分类、分级和指名的重要性，福柯提出了一种人际关系的视角。他的言论促使我们把握同一行为中的以下方面：违反行为实施者的社会地位，这一违反行为的实践方式，以及行为引发的反应。

可能与我们的印象相反，福柯并没有反对一切形式的惩罚，而是想要一种思考来确定什么是可接受的和什么是不可接受的，不让警察或支持警察决定的法官拥有权力来确定哪些行为或人员应被司法化。我觉得在知识论层面，福柯的功劳是将研究者的视角引向秩序维护及其衍生的惩罚的随机性方面。

是的。《规训与惩罚》的论述转折使规训的概念引人 注目，福柯还鼓励针对监狱功能及其在刑罚领域的中心地位进行大量讨论。现在福柯的思想则在关于安全的问题上发挥作用，已经超越了惩罚的议题范畴。另外，他的思想还倾注在另一些研究当中，这些研究强调工具、法律与控制技术的交织及其后果。

我们可能会认为，在《规训与惩罚》中开始讨论监狱诞生的问题及其批判之后，他在蒙特利尔的讲座上开始着手涉及监狱的废除问题。虽然他预见到监狱消亡的可能性，他的言论主要还是通过"非法主义"这一概念的介入来讨论对罪犯的政治利用，这两个文本在结论中策略性地运用了这个概念以支撑他的观点。然而，我觉得如果我们不理解这一模棱两可的术语的意义，我们可能就很难把握他关于统治个人与群体的思想的政治面貌。奇怪的是，福柯并没有对这个术语作出定义，一直以来都需要由读者自己来探究它的含义。

那么什么是非法主义？

在定义什么是非法主义之前，我想指出：这个词不为人知或不受欢迎的很大一部分原因是翻译的问题。我们在《规训与惩罚》的法语版中可以发现"非法主义"90与"犯法"，以及"非法主义"与"非法行为"（illégalité）之间的区别。然而在《规训与惩罚》英语版中，后两者却被融合成了"非法行为"（illegalities）这一个词。

非法主义的概念确实是核心和丰富的，但和福柯的很多其他概念一样，它没有被清楚地定义。福柯满足于定义"财产非法主义"与"权利非法主义"的表现，而没有进一步阐释。注释者将这个概念形容为"与法律的实用性和解"来强调它并不是"非法行为"的同义词那么简单，而这个概念具体表达的是什么则长期含糊不清。

要定义一个概念就必须辨认出它所有表现中的共同点。举个例子，涂尔干对犯罪（crime）的社会学定义是，它指一种行为人可能会受到刑罚惩罚的行为。但非法主义却不是如此。当我们思索非法主义概念一切可能的共同点时，首先要想到的要素就是它与法律的特殊关系，也就是将博弈引入法律——格雷戈里·萨莱[34]谈到过博弈与法律的灵活关系。与法律博弈意味着有时候站在法律的那边尊重它，但有时也会篡改法律，违反法律，规避法律，滥用法律。非法主义的概念跟各种可能的与法律的博弈有关，也跟其博弈能力有关，这些博弈利用法律规章的漏洞得以进行。

为了更准确地定义这个概念，为了强调区别，我们应当要首先想到非法主义指的是那些与法律博弈之人的社会地位。事实上，这里存在着平民（农民和工人）非法主义行为与特权（贵族、资本家、国家）非法主义行为之分。其次，我们应当想到它指的是超出行为人社会地位的实践方式。因为正如福柯强调的那样，存在"财产非法主义行为"与"权利非法主义行为"之分，也就是说与法律博弈的行为之间存在着区别。他认为"财产非法主义"几乎完全由属于社会底层的个体所实践，而相反，"权利非法主义行为"则由特权社会阶层的个体实践。在不因此否认每个人的行为方式根据其所处社会境况提供的可能性而有所不同的情况下，我们可以承认，权利非法主义行为在今天也可以被不同社会阶层的人实践。

这一概念的意义在于它促使我们意识到在每个政治制度、每个时代里，每个社会阶层都有各自区别化地融入惩罚经济学的非法主义行为。

在你的文章《"面对世界的两种态度"：对抗金融非法主义的犯罪学》[35]里，你强调平民非法主义行为与经济背景以及构成不同时代特点的感知密不可分。回想起马克思关于林木盗窃的话*，我们可以证明有些曾经被接受的行为（比如拾穗拾柴）现在成了一种罪行（比如擅取工业边角料），非法主义行为和惩罚的历史是不断运动的。这些变化的成因是什么？以及如何描述今天的惩罚领域？

92　　福柯意识到所有不同时代的社会都被一种非法主义行为的总体经济学所定义。他试图观察哪些类型的行为在一个特定时刻会被视为违反行为，以及监管当局针对不同的社会阶层会有怎样的反应。只要把握了非法主义行为的总体经济学，我们就可以把握一个时期和一个社会的社会秩序。要注意到18世纪末期，随着资本主义的到来以及由其带来的工业发展，一场剧变突如其来地发生，它改变了力量关系，引起了非法主义行为的总体经济学向另一种经济学的过渡。随着资产阶级掌握政治与经济权力，他们逐渐希望压制那种种形式的违反行为，它们曾在旧制度下以同意或默许的形式得到相对容忍。然而，这一意愿与一个事实并非毫无关联：那些属于统

---

* 参见《第六届莱茵省议会的辩论（第三篇论文）：关于林木盗窃法的辩论》，《马克思恩格斯全集》第 1 卷。

治阶级的财富（原材料、生产资料）实实在在地处于港口与工厂的平民阶级的股掌之间。然而，这些工人不再是独立手工业者而成了被雇佣者，他们由于所处的地位无力与商业规则博弈，事实上是被逼向了财产非法主义行为（工厂偷窃、损人利己行为）。一旦法律和司法制度重新定义了什么是应该被压制的，一旦监管人员开始关心那些触及统治者利益的行为，那么这些非法主义行为就将是那个年代新的惩罚措施主要涉及的对象。

在另一个时代中，人们会特别关注工人可能损害预期利润的不守纪律行为（酗酒、工会活动），这令人意识到：平民非法主义行为必须是在与商业和政治利益的对抗中（偷窃、窝赃、拖欠、示威、罢工）才会遭到惩罚。但有许多行为（醉酒、家庭暴力、吸毒）在今天即使没有阻碍经济或政治领域的运作也会遭到惩罚，那么惩罚领域现在是否被针对"不文明"的感性所支配？或是像福柯认为的那样处在"警察社会"的枷锁之下？

93

从词源学的角度来看，非法主义一词指向法律，与法律准则与法律的处理方式有关。然而福柯的思想中有关于此的张力，他认为某些行为（酗酒、怠工）被视为处于"准合法"地位。我们在《规训与惩罚》中可以找到这个观点：一些无利可图或者在经济上无用的行为会被认定为犯法并被刑罚所隔断。它们不被容忍，遭受惩罚，尤其是成了规训权力技术的对象。事实上，资产阶级的恐惧并不仅仅聚焦于工厂和仓库里储存的原材料的保护条件，其危机感也与工人自己造成的劳动力损耗有关，或者可能是主要与之有关。关注不守纪律行为，旨在最大程度限制酗酒、懒惰、不守时这样不道德的工人行为表现，这些行为有可能损害生产，也就会损害预期利润。更直接与政治相关的担忧也在转变为实际措施，以避免任何可能引发新的革命冲动或动摇现有经济和社会政治平衡的平民暴动。

> 我们可以想象，今天在全球化生产空间中，监控的强化以及对财产非法主义行为的惩罚这类实践一直存在。与此同时，在后工业社会里哪些活动容易被惩罚？为什么？

在福柯的思想中，对非法主义行为有三种相对的区分方法。第一种区分涉及与阶级归属有关的行为：权利非法主义行为为上层阶级保留，平民阶级则被其地位逼到了财产非法主义行为这一边。第二种区分涉及惩罚的类型：财产非法主义行为只适用刑事处理，而权利非法主义行为则拥有多样的处理方式（刑事、民事、行政）。最后，第三种区分涉及非法主义行为惩罚的负责机关与程序：财产非法主义行为由警察负责处理，经法庭审理后由监禁刑进行惩罚；而权利非法主义行为则主要是专业机关的事务，并且更少蒙受刑事惩罚。然而对于福柯所写的内容，现状已经有了根本的转变，现在距离福柯在《规训与惩罚》和《监狱的"替代方案"》中为非法主义⁹⁵行为建立这个二分法已经过去了许多年。实际上，尽管最后一种区分一直具有现实性，但权利非法主义行为的实践已经出现了民主化。这些行为现在不再是严格意义上统治阶级的特权，因为它可以被所有社会阶层实践，就如税务非法主义行为所体现的。在今天，实际上加拿大和魁北克居民整体都处于实施税务非法主义行为的状况当中，包括那些不纳税但享受社会补助的人。然而这个情况并不意味着平民阶级和中产阶级个体实践的税务非法主义行为与统治阶级实践的税务非法主义行为可以混为一谈，更不意味着对它们的处理方式不存在区别。

　　什么是税务非法主义行为？因为受到宽松税收政策的保护，显然，商业非法主义行为是不是很难成为非法行为？

　　税务非法主义行为指的是与税务规章的博弈。然而，偷税漏税这种纯粹的犯罪行为和为了鼓励遵守法律条文与法律精神的税务优惠（捐款或慈善事业抵税），这两者是存在区别的。而避税则处于两者之间。避税与官方认可的税收奖励政策无关，是通过税务专家寻找法律漏洞并与之周旋而逃避纳税金额的行为，它违背了法律精神，但也试图站在合乎法律的这一边来使得收入得到保障，从而遵守了法律条文。非法主义的概念使我们得以思考一种可能性：一切税务规避行为都有可能合法或非法。这样，"在偷税漏税与税务优惠之间隔着监狱的高墙"这个表述就值得商榷，它在实践上会有着某些细微的调整。

　　福柯对这一主题言论的意义在于，他不认为存在针对平民非法主义行为的超级控制和针对资本家非法主义行为的保护，而更多地认为存在着这样的区别化管理，它依靠法律机器和一个规范系统进行。毫无疑问需要明确，这里存在典型非法主义行为和特权非法主义行为之分。也就是说有许多非法主义行为类型只能在单一规范体制下处理，比如超市盗窃会遭到刑事处理；相反，也有着一些可以在不同规范体制下处理的非法主义行为，比如偷税漏税有可能被判监禁，但也有可能只是行政处罚。所以对苹果和脸书这样实施税务非法主义行为或非法交易个人数据的大型企业来说，关键问题首先就是避免被发现，一旦被发现则要避免被最具惩罚性的规范制度处置。民事处罚、行政手段、罚款、个别和解义务（比如支付一笔税款了结）这些后果就算再严重，也与刑事处罚的牵连不可同日而语。

这样看来，这些受指控的行为并未受到对 97
等的惩罚。

确实如此。最近，汇丰银行因为洗钱问题（墨西哥毒品交易黑钱）未遵守法规而被美国处以数十亿美元罚款。汇丰银行不仅没有遵守反洗钱法规，而且它的一家分行被指控参与犯罪行为。作为后果，它收到了令观察者震撼的一笔破纪录的罚款。但是如果人们对其仔细审视，就会怀疑这笔罚款只是让银行本身或其高管避免刑事诉讼的替代方式，借口是刑事诉讼会削弱金融市场。在这里我们看到了"大到不能倒"甚至"大到不能囚"的理由，以及一种使企业领导免于责任牵连的惩罚。

运用高级警察和低级警察的概念，让－保

罗·布罗德[*, 36] 提醒人们警察群体之间也根据职务和编制的不同而存在着区别，以及因为成功对抗大型犯罪比较困难，使得当局更愿意向能够立竿见影回应公民诉求的警察种类投入精力，比如严厉惩罚犯法。从这个观点来看，我们是否可以认为非法主义行为的区别对待与警察群体的执行力有关，以及商业犯罪（即白领犯罪）的逍遥法外是缺乏行动力造成的结果？

98　　　是，也不是。低级警察用来对抗被称为"普通"的犯法。高级警察负责一切涉及国家安全、动摇社会和国家秩序的事务。布罗德强调白领中的犯罪现象，即商业犯罪现象，可能会危及国家的良好运转，就如同恐怖主义那样，因此远远不是"普通犯罪"。这两者的区分目的在于突出不同警察种类之间存在职务、实操、规范框架、目标的区别，但并不是为了强调高级警察内部在人力分配上存在着区分。

　　　布罗德突出某些犯罪形式难以介入干预，

---

* 　让−保罗·布罗德（1943—2010），加拿大社会学家，曾任蒙特利尔大学国际比较犯罪学中心主任。

这会影响警力的投入和编制人数。根据我的理解，投入直接影响公民生活的交通巡逻，似乎比投入调查被盗艺术品藏匿点要更有意义。如果这里有一种隐藏的实践理性，它可能默认有利于商业犯罪，这种实践理性对于非法主义行为的处理也是隐藏的吗？

警察事务中上存在恒真的一面。某些违反行为更加容易被发现、跟踪和处罚，于是对它们的控制就成为优先事项，瑞士对黑钱的斗争就是一个很好的例子。在瑞士，为了与黑钱斗争，银行会识别可疑的交易，并将可以支持刑事诉讼的信息传送给专业机关。为了确定对哪些案件分配人力，调查人员会查阅以往有关洗钱的判决，以推断哪些非法行为是最重点的。他们意识到洗钱案件的定罪判决超过50%都与毒品交易有关。我曾有机会研究从警报数据库中提取的数据，与一位博士生同事一同回溯瑞士调查人员的调查，检验毒品交易相关定罪率是否符合被揭露的可疑交易比率和数量。出乎意料，这50%关于毒品交易的定罪判决只对应5%的警报，而那些有关贪污腐败的更严重的警报，它们的定罪率接近于零。这一差异是一种恒真的结果：在缺乏国际配合的情况下，起诉一个日内瓦的贩毒者，比证明腐败资金属于一桩在国外发生的腐败行为要容易得多。

第二个对抗商业犯罪行为的难点在于，它避开了普通犯法或有组织犯罪，后二者属于财产非法主义行为的一部分，在警察的职责范围内。经济非法主义行为与金融犯法总体而言是这些专业机关的事务：税务部门、反洗钱办公室、特别单位（在加拿大是反腐败常设小组和加拿大环境部，在法国是金融市场管理局）。它们会侦查案件，展开调查，决定是否将这些行为提交司法处理。然而这些机关是黑箱作业的——它们根据自己的逻辑做出决定，并非总是或处处独立于政治及其阻挠的把戏。对控制商业犯罪的社会分工方面，以及专业机关处理权利非法主义行为的不同，布罗德并未提及。

有必要提醒：控制商业非法主义行为的经验性研究表明，它比我们想象的更不"具有策略性"。在亚历克西·斯皮尔 [*] 关于国家公务员税务稽查工作的研究中，公务员们秉持着平等对待公民等原则，希望公平地起诉所有的偷税漏税方式而不论行为人处在什么社会地位，但这个研究还是以有意思的方法展示出一些极不公平的对待方式。这并不意味着这些公务员就是政治阴谋的利益相关方，但是他们由于时局、物质或结构的限制因素，

---

[*]　亚历克西·斯皮尔（1973— ），法国社会学家，法国国家科研中心研究员，社会问题跨学科研究所（Iris）成员。

实际上无法完成某些监管和控制行动。事实上，如果他们想识别一桩失业补助金的欺诈，只需对不同数据库中的信息进行交叉比对来评估这个人的收入即可。然而，如果他们想确认财产税法律是否得到遵守，那么从数据库中调取信息则要远远困难得多，因为这些数据库要么干脆不存在，要么互相之间不联网。我们还可以补充一点：税务机关为了能够追回未缴税款，更倾向于以协商解决作为优先选项。协商更有利于拥有一定口才的上层 101 阶级个体，这是因为他们教育水平较高，而且还拥有专业税务律师团队的支持。因此，除了政治门槛的权重之外，在很多情况中，这一系列决定性因素造成了待遇的极度不平等。

福柯是鲁舍和基希海默[37]的读者，这两位学者在刑罚和经济制度之间建立了一种关联性，比如在旧制度下为了缓解划船工数量不足而判人做苦役，以及为了让不服从工厂纪律者投入工作而实施反穷人行为（监禁欠债者和无业者，禁止迁移），这两个例子都可以支撑他们的假设。我们是否可以运用他们的话来描述当前的刑罚领域？

福柯设想刑罚类型和经济制度类型之间存在着关联性，但在这个关联性之外，他像菲利普·罗贝尔[38]那样，主要强调不同政治制度与不同国家的发展状况可能对刑罚产生的影响。现代国家在形成之初还缺乏合法性，于是通过身体暴力来寻求服从。酷刑与寻求巩固权威的主权司法是密不可分的。当现代国家在人口和领土上取得更多合法性之时，刑罚就发生了改变。从那时起，酷刑与更加持续且不那么惨烈的其他惩罚形式同时并存。在自由主义国家的时代，自由与劳动被视为基本权利，惩罚便开始跟剥夺自由（监禁）和强制劳动有关。当社会国家到来时，刑罚便与社会政策（改造计划、社区服务）关联。要记住，惩罚事实上不仅仅与经济制度有关，也与国家和政府的类型有关。刑罚的转型与国家的转型是相关联的，甚至是有因果关系的。

当佩戴电子脚镣的义务和就业的义务相互叠加之时，我们可以认为惩罚的所谓"替代方案"与经济制度相关。鲁舍和基希海默的假设在今天仍然成立吗？

当我们思考当前社会的突出特征时，我们必须意识到流动性（社会流动性和运输流动性）的中心地位，就像齐格蒙·鲍曼以其液态社会概念指出的那样。他认为这个概念是社会阶层间歧视的中心要素。而我们注意到"替代"刑罚经常要求禁止出行、控制流动。我觉得这类惩罚与经济制度有关，因为我们生活在一个重视商品、资本、人员流动的流通社会里。

> 在阅读鲁舍和基希海默之后，福柯用刑罚种类来定性不同的社会：流放社会、酷刑社会、禁闭社会、精神和经济补偿社会等等。今天的"领导性"刑罚是哪个？我们可以如何定性当代社会？

很多作者都在寻求定性我们的社会，以便揭示出我们的所在：风险社会（贝克）、控制社会（德勒兹）、监控社会和超级监控社会（莱昂、加兰）、猜疑社会（埃里克森）、曝光社会（阿尔古）。如果我们必须要根据监狱的替代刑罚、安全原则、流通控制过程来选择一个关键概念，那我们必须和这些作者中的大部分一起承认：监视是一个共同的和构成性的要素。所以我认为肖莎娜·祖博夫的"监控资本主义"概念（出自同名著作）是恰如其分的，它反映了数字经济巨头通过获取个人数据从商业角度导致的行为改变。对此，我感觉需要提出的问题是：

监控与自我监控的扩张如何改变了我们社会的本质？

> 除了通过惩罚类型来定性社会，我们或许
> 也可以反其道而行之，通过被容忍的非法主义
> 行为来定性社会，就如同后殖民批判指出殖民
> 是一种掠夺与欺骗的事业。这可能会使我们思
> 考那些法律安排——它们用来把可疑或违反
> 的行为保持在合法范围内。从这个角度来看，
> 我们要如何定性我们的社会？

这就提出了一个问题：非法主义行为中不被惩罚的
那些行为定性了我们的社会，我们要如何辨别它们？这
个问题很棘手，尤其因为在法律规定、合法性和非法行
为之间存在着张力，就如皮埃尔·拉斯库姆在福柯之后
强调了非法主义与犯法之间存在的策略性对立。一个行
为并不是因为被处罚才构成犯法，若要使其被承认为犯
法，必须要有刑事定性。然而在很多案例中这种刑事定
性从未发生。也就是说，以前述瑞士可疑交易调查为例，
我认为我们生活在一个"曝光不罚的社会"中。从前位
于阴暗处的商业与税务非法主义行为，由于研究、新闻
界重大揭露和"解密"（维基解密、瑞士解密事件、巴拿
马文件）的贡献，现在已经众所周知。精英犯法者也无

法逃脱当今时代的数据曝光。然而，这些曝光引发了丑闻，却很少导致刑事定性。我认为我与同事让·贝拉尔共同研究的曝光不罚概念是很有意义的，因为它提出了标志当今现状的两个维度：监控行动与区别对待非法主义行为。

（吴樾　译）

注释

1 Dany Lacombe, « Les liaisons dangereuses: Foucault et la criminologie », *Criminologie*, vol. 26 n° 1, 1993, p. 52.

2 Brian Massumi, « National Enterprise Emergency: Steps Toward an Ecology of Powers », *Theory, Culture & Society*, vol. 26 n° 6, 2009, pp. 153−185.

3 Jean−Paul Brodeur (transcription), « Alternatives » à la prison : diffusion ou décroissance du contrôle social. Une entrevue avec Michel Foucault, *Criminologie*, vol. 26 n° 1, 1993, p. 13−34.

4 Bruce Jackson, *Leurs prisons*, Plon/France loisirs, Paris, 1975, préface de Michel Foucault.

5 Michel Foucault, *Mal faire, dire vrai. Fonction de l'aveu en justice*, Louvain-la-Neuve, Presses universitaires de Louvain, 2012.

6 福柯认为,当同性恋成为警察参与司法(开罚单、殴打、逮捕和审前拘押、恐吓)的受害者时,他们就是被镇压的对象,但这种镇压的特殊性在于它不是司法的(起诉与定罪)。为了论证他的观点,他提到了警方关闭同性恋桑拿浴室的事件,警方可以从中为自己的不容忍行为辩护,声称自己是"道德恶习的受害者"。警察对同性恋的骚扰证明了政治、治安和行政性质的法外权力关系的建立。关于这个问题请参见:« Foucault:non aux compromis », 1982, *Dits et écrits II*, 2001, pp. 1155-1156 et *Mal faire, dire vrai*, 2012, p.251.

7 Michel Foucault, « La stratégie du pourtour », *Dits et écrits II*, Paris, Gallimard, 2001, pp. 794-797.

8 Michel Foucault, *La société punitive*, Paris, Seuil-Gallimard-EHESS, 2013, p. 148.

9　Anthony Amicelle, «"Deux attitudes face au monde". La criminologie à l'épreuve des illégalismes financiers », *Cultures et conflits*, n° 94/95/96, 2014, p. 66.

10　"至少自 19 世纪以来，我们的司法系统除了实施法律之外，应该没有其他作用。如果考虑到它所容忍的所有例外情况，它强加的所有违反行为，这一点它做得非常不合规范。对法律的扰乱正是基于维护秩序的原则 [……] 正是为了秩序，才决定起诉或不起诉。正是为了秩序，才有了放任警察自由行动。正是为了秩序，我们驱逐那些不完全 '合乎要求' 的人。"Michel Foucault, « Le citron et le lait », 1978, *Dits et écrits II*, 2001, p. 697.

11　福柯将"法律话语"（juridico‑discursive）解读为具有法律效力的、能够使人服从的禁止性话语的陈述。Foucault, Michel,*La volonté de savoir. Histoire de la sexualité I*, Paris, Gallimard, 1976.

12　关于此主题参见作品 *Foucault's Law*, Ben Golder et Peter Fitzpatrick, 2009.

13　Michel Foucault, *Histoire de la sexualité I. La volonté de savoir*, Paris, Gallimard, 1976, p. 190.

14 福柯说："而安全机制同样也是很古老的机制。反过来，我也可以说，人们正在试图发展安全机制，非常明显，这并不构成对司法–法律结构或规训机制的搁置或取消。恰恰相反，以现在发生的事情为例——它们仍然既是在惩罚的领域，也是在安全领域——愈来愈多的立法措施、法令、规章条例和公告允许置入安全机制，这一切都变得越来越庞大。在中世纪和古典时期，针对盗窃的法律条文相对简单［……］整个立法所针对的恰好就是我们所说的安全机制和机构对个人的监视。你们能看到立法的明显的'膨胀'，为了安全系统的运行，司法–法律条文膨胀起来。"Michel Foucault, *Sécurité, territoire, population*, Paris, Seuil–Gallimard–EHESS, 2004, p. 9.（译文引自《安全、领土与人口》，上海人民出版社，钱翰 陈晓径译，2010年。）

15 在《惩罚的社会》（2013）中，福柯提出了"新的犯法"（nouveaux délits），如：证件手册的强制和彩票禁令。

16 "我认为，刑法确实是我们这样一个社会游戏的一部分，没有必要掩盖它。这意味着，作为这个社会部分的个人必须承认自己是法律的主体，因此，如果他们违反了这个或那个规则，就要受到惩罚。我想，这并不是什么骇人听闻的事。但社会有责任确保具体的个人能够有效地承认自己是法律的主体。当所使用的刑罚制度过时、任意，不足以解决社会面临的实际问题时，就很难做到这一点。仅

102

以经济犯法领域为例。真正的首要工作不是注入越来越多的医学和精神病学来调节这个系统，使之可以接受，而是重新思考刑罚系统本身。我不是想说：让我们回到1810年《刑法》的严格性；我想说：让我们回到严格的刑法理念，明确规定在我们这样的社会中，哪些行为可以被认为是可被惩罚或不可罚的；让我们回到用系统界定社会游戏规则的思路上来。"Michel Foucault, « Qu'appelle-t-on punir ? » (1984), *Dits et écrits II*, Paris, Gallimard, 2001, pp. 1464–1465.

17　Michel Foucault, « Je perçois l'intolérable », *Dits et écrits I*, Paris, Gallimard, 2001, pp. 1071–1073.

18　"问题不在于模范性监狱或废除监狱。目前，在我们的司法体系中，边缘化是通过监狱来实现的。这种边缘化并不会因为废除监狱而自动消失。社会只会引入另一种手段。问题应该是：提供一种对制度的批判，来解释当今社会将部分人推向边缘的过程。就是这样。"Michel Foucault, « Le grand enfermement »(1972), *Dits et écrits I*. 2001, Paris, Gallimard, p. 1174.

19　"监狱是社会压迫的一种手段。大犯法者、犯罪者占犯人总数的5%都不到，其余的是轻微或中等犯法者，主要是贫困阶层的人。这里有两个数据，给我们提供很多思考。40% 的囚犯尚有未被判决为囚犯的刑事控告案件，约 16% 的囚犯是移民。" Michel Foucault, « Enquête sur les prisons : brisons les barreaux du silence » (entretien de C. Angeli avec M. Foucault et P. Vidal−Naquet) (1971), *Dits et Ecrits I*, 2001, p. 1047

20　Jean−Paul Brodeur (transcription), « Alternatives » à la prison, *art. cit.*

21　Michel Foucault, « Par−delà le bien et le mal » (1971), *Dits et écrits I*, Paris, Gallimard, p. 1100−1101.

22　Didier Fassin *Punir, une passion contemporaine*, Paris, Seuil, 2017, p. 12.

23　*Ibid.*, p. 19.

24　Serge Portelli « Les alternatives à la prison », *Pouvoirs*, vol. 4 n° 135, 2010, p. 28.

25　*Ibid.*, p. 16.

26　例如，在法国，交通犯法(修改立法的目的是将违反《道路法典》的行为重新归类为交通犯法)、违反禁毒法和危害公共权力罪（在被逮捕者对执法人员作出反应时会发生）正在上升。这类案件占监禁人数的三分之一，而占监禁人数 1% 的杀人和持械抢劫的定罪率正在下降。Didier Fassin, *L'ombre du monde. Une anthropologie de la condition carcérale*, Paris, Seuil, 2017, p. 152.

27　*Ibid.*, p. 89.

28　« Michel Foucault : la justice et la police », Entrevue télévisuelle, 25 avril 1977, Antenne 2, Serge Moati (réalisateur), Jack Lang, Serge Moati et Jean Denis Bredin (producteurs) [En ligne]

29　托尼·费里，哲学家，巴黎维莱特国立高等建筑学校的哲学、建筑、城市设计与研究组研究员。他也是法国监狱系统的社会再融入与缓刑辅导员。

30　Alain Brossat, *La démocratie immunitaire*, Paris, La Dispute, 2003. 另可参阅 *Éloge au pilori.Considérations intempestives sur les arts de punir – Entretien avec Tony Ferri*, Paris, L'Harmattan, 2015.

31　在新冠疫情的背景下，法国政府考虑通过一个名为"阻

止新冠"（StopCovid）的法律，旨在开发一款能够通过
识别传播路径来限制病毒扩散的手机应用。这款应用将允
许使用"接触跟踪"技术，可以通过蓝牙来匿名警告所有
与感染者有过密切接触的人。

32　Thomas Hobbes, *Léviathan, ou matière, forme et
puissance de l'État chrétien et civil*, Paris, Gallimard, Coll.
«Folio/Essais», chapitre 11 «De la diversité des mœurs»,
2000, pp. 194−195.

33　安东尼·阿密塞尔是蒙特利尔大学犯罪学学院教授、
国际比较犯罪学中心成员。他的研究主题关注犯罪中的
金钱。

34　Grégory Salle et Gilles Chantraine (2009). « Le droit
emprisonné ? Sociologie des usages sociaux du droit en prison
», *Politix*, vol. 87, n° 3, pp. 93−117.

35　*Cultures et conflits*, n° 94/95/96, pp. 65-98.

36　Jean−Paul Brodeur, « High and Low Police : Remarks
About the Policing of Political Activities », *Social Problems*,
vol. 30, n°5, 1983, pp. 507−521.

37   Georg Rusche et Otto Kirchheimer, *Peine et structure sociale, histoire et « théorie critique » du régime pénal*, Paris, Les Éditions du Cerf, 1994.

38   Philippe Robert, *La sociologie du crime*. Paris, La Découverte, 2005.

译名对照表

A

《阿达玛的战斗》	*Le combat Adama*
阿尔古（人名）	Harcourt
阿密塞尔，安东尼	Amicelle, Anthony
埃里克森（人名）	Erricson
埃利亚斯，诺伯特	Élias, Norbert
奥尔多自由主义的	ordolibérale

B

巴拿马文件	Panama Papers
巴萨利亚，佛朗哥	Basaglia, Franco
白板	tabula rasa

曝光不罚的社会	société des impunités exposées
曝光社会	société d'exposition
鲍曼，齐格蒙	Bauman, Zygmunt
贝克	Beck
贝拉尔，让	Bérard, Jean
《奔走》	*On the Run*
比伦（德国地名）	Buren
边缘化	marginalisation
波尔泰利，塞尔吉	Portelli, Serge
剥夺空间出入自由	interdiction spatiale
伯恩海姆，让-克洛德	Bernheim, Jean-Claude
柏格森，亨利	Bergson, Henri
布罗德，让-保罗	Brodeur, Jean-Paul
布罗萨，阿兰	Brossat, Alain

C

猜疑社会	société de suspicion
财产非法主义	illégalisme de biens
财产税	impôt sur la fortune
超级监控	hypersurveillance
超级监控社会	société d'hypersurveillance
惩罚经济学	économie des sanctions
重新融入家庭	refamilialisation
次级化	secondariser

D

大到不能倒   too big to fail

大到不能囚   too big to jail

当代出版档案研究所   IMEC

《当他们叫你恐怖分子时》   *When They Call You a Terrorist*

德拉加内里，若弗鲁瓦   de Lagasnerie, Geoffroy

德勒兹，吉尔   Deleuze, Gilles

低级警察   basse police

典型非法主义行为   illégalismes typiques

电子监控居家拘押   détention domiciliaire sous
                             surveillance électronique

电子监控留置   placement sous surveillance
                             électronique (PSE)

电子监控指定居住   assignation à résidence sous
                             surveillance électronique (ARSE)

F

法兰西学院   Collège de France

法律话语   juridico-discursive

法律现实主义   réalisme juridique

法桑，迪迪埃   Fassin, Didier

反腐败常设小组   Unité permanente anticorruption
                             (UPAC)

犯法   déliquance

国际比较犯罪学中心	Centre international de criminologie comparée(CICC)

H

缓期执行	emprisonnement avec sursis
缓刑	probation
汇丰银行	Banque HSBC
霍布斯，托马斯	Hobbes, Thomas

J

基希海默（人名）	Kirchheimer
加兰（人名）	Garland
加拿大环境部	Environnement Canada
监禁	incarcération, emprisonnement, reclusion
监禁制度	régime carcéral
监控社会	société de surveillance
监控资本主义	capitalisme de surveillance
《监控资本主义》	*Surveillance capitalism*
监狱超权力	sur-pouvoir carcéral
监狱信息小组	Groupe d'informarion sur les prisons(GIP)
监狱中心主义	carcérocentrisme
《监狱资本主义》	*Capitalism carcéral*

简单缓刑	sursis simple
贱民	paria
矫正	amendement, redressment
杰克逊，布鲁斯	Jackson, Bruce
金融市场管理局	Autorité des marchés financiers (AMF)
禁闭	enfermement
经济非法主义行为	illégalismes économiques
警察社会	société policière
旧制度	Ancien Régime
拘押	détention
《君主论》	*Le Prince*

K

卡昂（法国地名）	Caen
考验期缓刑	sursis avec mise à l'épreuve
克梅拉监狱	Kemela
控制社会	société de contrôle
库勒斯，帕特里斯	Cullors, Patrisse

L

拉比诺，保罗	Rabinow, Paul
拉弗勒，西尔万	Lafleur, Sylvain
拉孔布，达尼	Lacombe, Dany

拉斯库姆，皮埃尔   Lascoumes, Pierre

拉扎拉托，毛里奇奥   Lazzarato, Mauricio

莱昂（人名）   Lyon

雷维尔，朱迪思   Revel, Judith

累犯   récidive

利奥塔，让-弗朗索瓦   Jean-François Lyotard

《利维坦》   *Léviathan*

脸书   Facebook

林格尔海姆（人名）   Ringelheim

流动性   mobilité

流通社会   société de flux

鲁舍（人名）   Rusche

罗贝尔，菲利普   Robert, Philippe

M

马基雅维里，尼科洛   Machiavel, Nicolas

马克思   Marx

马苏米，布赖恩   Massumi, Brian

梅普雷斯（法国地名） Méprès

免疫感性   sensibilité immunitaire

《"面对世界的两种态度"： « Deux attitudes face au monde ».
    对抗金融非法主义   La criminologie à l'épreuve
    行为的犯罪学》   des illégalismes financiers

违法（行为）	infraction
违反行为	comportement transgressif
维尔塞（人名）	Versel
维基解密	Wikileak

X

现实性	actualité
刑罚泛托邦	pantopie pénale
刑罚国家	État pénal
刑罚机构	institution pénale, établissement pénitentiaire
刑期	quantum de la peine
行政处罚	sanction administrative

Y

《言与文》	*Dits et écrits*
扬科列维奇，弗拉基米尔	Jankélévitch, Vladimir
液态	liquidité
液态世界	monde liquide
移动电子监控留置	placement sous surveillance électronique mobile (PSEM)
移动电子监控指定居住	assignation à résidence sous surveillance électronique mobile (ARSEM)

Z

再融入（社会再融入）	réinsertion
再社会化	resocialisation
《在生活中》	*In the Life*
哲学、建筑、城市 　设计与研究组	Groupe d'études et de recherches 　philosophie, architecture, urbain 　(GERPAU)
知识论	épistémologique
《治序的力量》	*La force de l'ordre*
转型	transformation
自生系统	auto-poïétique
祖博夫，肖莎娜	Zuboff, Shoshana

图书在版编目（CIP）数据

监狱的"替代方案"/（法）米歇尔·福柯
（Michel Foucault）著；柏颖婷，吴樾译 .-- 上海：
上海三联书店，2021.10
  ISBN 978-7-5426-7512-5

  I. ①监… II. ①米… ②柏… ③吴… III. ①福柯（
Michel Foucault 1926-1984）—哲学思想—研究 IV.
① B565.59

  中国版本图书馆 CIP 数据核字（2021）第 170378 号

监狱的"替代方案"

著　　者 / [法] 米歇尔·福柯
译　　者 / 柏颖婷　吴樾

责任编辑 / 张静乔
特约编辑 / 鲍夏挺　钱凌笛
装帧设计 / 郑　晨
监　　制 / 姚　军
责任校对 / 王凌霄

出版发行 / 上海三联书店
　　　（200030）中国上海市漕溪北路 331 号 A 座 6 楼
邮购电话 / 021-22895540
印　　刷 / 山东临沂新华印刷物流集团有限责任公司
版　　次 / 2021 年 10 月第 1 版
印　　次 / 2021 年 10 月第 1 次印刷
开　　本 / 787mm×1092mm　1/32
字　　数 / 50 千字
印　　张 / 4
书　　号 / ISBN 978-7-5426-7512-5 / B·743
定　　价 / 48.00 元

敬启读者，如发现本书有印装质量问题，请与印刷厂联系 0539-2925659